SCHERNIKAU, DIE TAGE IN L.

RONALD M. SCHERNIKAU

DIE TAGE IN L.

darüber, daß die ddr und die brd sich niemals verständigen können, geschweige mittels ihrer literatur

KONKRET LITERATUR VERLAG

Umschlaggestaltung: Rainer Kölpin
Umschlagfoto: Frank Feiertag
Satz: Fotosatz Knab, Lintach
Druck: Fuldaer Verlagsanstalt, Fulda
ISBN 3-922144-81-0

Wir danken der Senatsverwaltung für Kulturelle Angelegenheiten, Berlin(West), für die Unterstützung bei der Herausgabe dieses Buches.

INHALT

was wirklich ist, das ist vernünftig;
und was vernünftig ist, das ist auch wirklich.
GEORG WILHELM FRIEDRICH HEGEL

wir müssen aufhören, diese dinge leidenschaftslos zu betrachten.
MICHAIL GORBATSCHOW

nur das offene geheimnis kann niemals entdeckt werden. ein auto in einer parkgarage, es hält neben einem anderen auto, die scheiben senken sich. ein manuskript wird überreicht, ein blick, ein lächeln, das andere auto fährt ab.

ein kundschafterroman also. schon früher, wenn die tante im kindergarten mich allzu direkt fragte: na, was möchtest du denn einmal werden, wenn du groß bist?, dann rief ich so laut ich konnte: film und fernsehliebling! und wenn dann die leichte überforderung auf ihrem gesicht erschien, beugte ich mich vertraulich zu ihr hoch und flüsterte: in wirklichkeit spion.

stalin hat ja nun die ankündigung des überfalls auf sein land, die ihm richard sorge tapfer rüberfunkte, ebenso tapfer ignoriert. deshalb gibt es den auftrag doch. studiere am institut für weltbeschreibung. gebe bericht davon. beschreibe die welt danach. der auftrag lautet, zurückzukehren.

ein kundschafter, der die welt betreten darf, ist glücklich. leipzig ist die glücklichste zeit.

1 BRD SIEHT BRD. DAS UNERFREULICHE

baby I just can't stand to see you happy /
more than that I hate to see you sad //
PRINCE

die kranken haben eine stunde ausgang und kommen nach wenigen minuten wieder.
INGEBORG BACHMANN

— haben sie angst?
— ja. daß alles bleibt wie es ist.
ERIKA RUNGE / KLAUS HERBERT B.

doch keine innere stimme erwachte.
ETA HOFFMANN

das war das schreckliche: die ruhe in der hoffnungslosigkeit.
ELIO VITTORINI

es gibt hier ja keine arbeiterpartei, es gibt nur konservative und liberalradikale, und die arbeiter zehren flott mit von dem weltmarkts- und kolonialmonopol englands.
FRIEDRICH ENGELS AN KARL KAUTSKY
12. SEPT. 1882

alles ist ständig in bewegung, jeder interessiert sich für alles und zwar ständig. alle sind kleine kinder, die ständig ihre sweeties naschen und mit kleinen plastikdinosauriern spielen. wenn man ein buch richtig herum halten kann, gilt man als intellektuell, und wenn man es lesen kann als autor. wer arm

ist schämt sich, und wer reich ist schaut gerne dabei zu who gives a fuck anyway.
HEINRICH MENNICKEN

so hat sich die vom gesetz der profitmaximierung bestimmte logik der kapitalverwertung also nichts anderes als die reale dynamik kultureller massenprozesse zu eigen gemacht und ihrer bewegung eine kapitalistische form gegeben.
PETER WICKE

hier kommt man sich vor wie franz von assisi im aquarium, lenin im prater, eine chrysantheme im bergwerk oder eine wurst im treibhaus.
BERTOLT BRECHT

eine revolutionäre situation besteht, solange menschen von menschen unterdrückt werden.
RAINER WERNER FASSBINDER

im jahre neunzehnhundertsechsundachtzig, am zweiundzwanzigsten september, dem tag des heiligen mauritius, betrat ich die deutsche demokratische republik. ich war, fast auf den monat genau, zwanzig jahre im westen gewesen. ich war sechsundzwanzig jahre alt.

ich schleppte die drei schwersten koffer in den raum wo die grenze ist, die genossin sah auf mein papier und sagte: da studieren sie jetzt also bei uns, und ich war da.

der zug nach leipzig kam aus binz. die leute im abteil lasen westbücher. ich bins!, wollte ich immer rufen: ein ddrbürger der einen westberliner spielt der einen ddrbürger spielt! aber ich hielt mich tapfer zurück.

kunst kann nichts. kunst hat keine mitteilung, nichts hat mitteilung, es gibt keine mitteilung. ich muß es ihnen endlich allen sagen! die wahrheit. wenn es irgendwo schlimm ist, muß man darüber berichten. warum aber über etwas berichten, das bloß schlimm ist? der effekt ist traurigkeit und öde. — jemand betritt ein neues land und möchte mitteilung geben von dem, aus dem er kommt. was wird er sprechen? er wird vor allem zu viel sprechen.

1

die innensicht des westens heißt schweigen, das ist das problem. wer wissen will, was der westen denkt, muß sich dümmer stellen als er kann. wenn manches zu schaffen ist, wie soll aber der stillstand dargestellt werden? schon ein satz bewegt sich ja von einem buchrand an den anderen.

ich habe an reaktionären immer bewundert, daß sie aufhören zu reden, wenn ihnen etwas nicht paßt. das bestehende braucht keine münder. reden ist argumentieren, überzeugenwollen, nerven.

die bundesrepublik deutschland hat einen einzigen satz hervorgebracht. der satz ist in einem maße genial, daß aller protest zum gemeckere wird, alle beschimpfung zum lob. es ist der satz eines faschisten, der dann nicht mehr als faschist arbeitete, und der dazu gebracht werden sollte, sich zum faschismus zu äußern. dieser mann sprach einen einzigen satz, und als er diesen satz gesprochen hatte, war klar, daß es niemals eine erwiderung geben würde, keine antwort, keine selbe welt. der satz lautete: ich erinnere mich nicht.

schon die erwähnung eines namens zeigt die niederlage an, schon eine argumentation beweist die sicherheit des gegners. schon das reden weist auf die notwendigkeit der tat.

den westen verlassen heißt die welt betreten. der blick kann nur ein rückblick sein, die erklärung des schweigens ist kein schweigen mehr. ein kundschafter ist ein ortsfremder. er ist somit im nachteil und im vorteil.

matthias frings erzählt folgende geschichte. er verbringt seinen urlaub in portugal, ißt jeden mittag in derselben kneipe, ein familienbetrieb, der fernseher dort läuft immer. eines tages fragt er die mutter der familie, sie bedient hier, welche sendung sie am liebsten sieht. die frau, über fünfzig, ihr leben in dieser kneipe, sie sagt: dallas. — nun ist es so, portugal ist ein armes land und synchronisiert dallas also nicht, dallas läuft mit untertiteln. diese untertitel aber kann diese frau nicht lesen, sie ist analphabetin. — ja, so blöd müßt ihr erstmal sein mit eurer kunst, so blöd wie dallas! da erreicht ihr jeden, erbarmungslos. ich bewundere das, ich bewundere das wirklich. sowas können wir alle nicht.

ich bin ja dagegen, immer die dummheiten zu sammeln. der zehnjährige flaubert, wie er auf dem sofa seiner tante sitzt, und die tante ankuckt und denkt: meine güte ist die dumm, das muß ich sofort aufschreiben. — mein impuls war immer der andere: das gelungene, wenn es denn einmal irgendwo aufschien, es nicht zu verlieren.

schon seit längerer zeit machen sich die sozialistischen schriftsteller mit der forderung lächerlich, die sozialistischen schriftsteller sollten die realität abbilden. im ignorieren des hohnlachens der welt hinlänglich trainiert, gelingt ihnen allerdings ein langweiliges buch nach dem anderen. der erfolg! zwar schlafen unsere leser, lektoren und lieben regelmäßig ein nach den ersten seiten, dafür haben wir aber wirklich recht.

die einzige literaturdiskussion, die die bundesrepublik jemals erleben durfte, fand in einer talkshow statt, im fernsehen. sie war keine zehn minuten lang. sie bestand darin, daß einander gebenüber saßen einerseits peter handke und andererseits franz xaver kroetz. peter handke lächelte verlegen und brachte keinen ton raus, und franz xaver kroetz brüllte, zehn minuten lang, wie gesagt. das war die fundierteste, umsichtigste und gründlichste darstellung der situation. um das zu begreifen, mußte man allerdings den ton abdrehen.

peter handke, egal worüber er schreibt, immer grämt er sich. eine literatur nicht nur der extremen belanglosigkeit, eine literatur der deutschlehrer — eine literatur der schwäche. abwehr von welt, verkleidet als leiden an ihr; übelste unwissenheit, verkleidet als klage; vernichtung von allem anderen, verkleidet als kommunikationslosigkeit; feiern des sieges, als versagen deklariert. vicky leandros nennt das: ich bin wie ich bin.

das wort identität, das jetzt sogar feierlichen einzug in die dokumente der deutschen kommunistischen partei gefunden hat (unsere kommunistische identität) (wolle mer se reilasse? unsere kommunistische identität! helau! helau! helau!), dieses wort ist der ausdruck nicht nur für die kindische angst, selber zu verschwinden, sondern vor allem für das der welt. — weil alles so bunt und vielfältig ist, kucken wir lieber gleich ganz weg. ich bin ich, und eigentlich reicht mir das auch. leider gibt es micht nicht.

und dann wurde die zensur abgeschafft. ein historischer moment, wirklich. noch in den sechzigern, das wollen wir doch nicht vergessen, wurden wir an der grenze gefragt, ob wir ddrbücher dabei haben, wenn wir aus ihr kamen, und wir wurden durchaus untersucht und beklaut von diesen büchern. heute haben wir den pluralismus. der pluralismus ist die kunst, aus scheiße gold zu machen. — natürlich druckt man gerne, was man gerne druckt, und natürlich gibt es manches nur teuer und unansehnlich, und natürlich stehen die kommunisten immer noch außerhalb jedes gesprächs. aber ich darf alles besitzen.

und natürlich ist der sympathieträger im raumschiff enterprise immer und immer und immer die autorität. was die fernsehabende dem zuschauer an unterwerfung abverlangen, das schafft die ddr einfach nicht, da kommt sie nicht mit. die ddr hat keinen abschaum. — der film e. t., den ich nach einer verkettung der unglücklichsten umstände in leipzig gezwungen wurde anzusehen, er besteht nur noch aus exposition und katastrophe, aus der immer höheren höhe der immer neueren beruhigung, der beruhigung, daß wir uns nicht ändern müssen.

es gibt jetzt einen neuen plattenladen in westberlin, es ist der größte bisher. die klassiker begründen die revolution nicht moralisch, sie sagen, die produktivkräfte drängen nach neuen produktionsverhältnissen, die sprengen die bisherige welt. in diesem plattenladen ist der kommunismus für leute mit geld. es gibt in diesem plattenladen alles. alles natürlich, was in den hitparaden ist, alles was sich verwerten läßt, alles passende. es läßt sich viel verwerten, es läßt sich widersprüchliches verwerten, schöne jungs, schöne stimmen, schöne texte. die platten kommen aus allen ländern; imperialismus ist internationalismus, bloß reaktionär. ich bin nun wirklich abgebrüht, aber dieser reichtum in diesem laden, der betäubt. der sozialismus wird noch eine ganze weile brauchen, diese tausende schallplatten herzustellen.

der bisherige einwand war, es gibt zwar viele platten, aber keine guten. es gibt zwar viele bücher, aber keine guten. oder es gibt gute bücher nicht genug oder nur unter schwierigkeiten mit der polizei oder zu teuer oder verstümmelt. — aber nein! es gibt die guten bücher, es gibt sie in hülle und fülle, es gibt sie ein halbes jahr, dann werden sie verramscht, aber es gibt sie, inmitten eines bücherangebots, das riesig zu nennen von rührendem unvermögen zeugte. gigantisch! es gibt die guten bücher, weil es die schlechten gibt. das ist der späte kapitalismus.

dafür gibt es keine bevölkerung. das ist der ausgleich. es gibt von büchern keinen gegenstand, weil es kein leben gibt, keine welt, keine menschen. die produktion von weißen seiten.

die rede in der brd, sie geht ausschließlich um, hoch geschätzt, ein prozent der bevölkerung. rede geschieht in büchern, fernsehen, kino. zeitung und rundfunk sind revolutionäre medien, prozentsatz hier zwei.

das eine prozent liefert das bild. nun ist literatur keine angelegenheit von statistik. die personen aber, die den gegenstand der rede der brd geben, diese personen bilden den rest der welt nicht mit ab. sie geben kein bild. das bild, das sie geben, schließt die anderen aus. die anderen, das ist das publikum. die welt ist das publikum. das publikum kommt nicht vor. es gibt keine welt. ich bin das publikum. es gibt kein publikum. es gibt mich nicht.

jemand, der glaubt, es gebe ihn nicht, wird nichts tun. der irrtum der aufklärung ist, sie sagt immer: bild lügt. aber das wissen ja alle schon. bild lügt, das fernsehen lügt, die politiker lügen. das wird dir jeder sagen, jeder. aber es gibt nur das. hier ist ja nichts. man kann nichts tun. man kann nichts tun, weil es keinen gibt, der etwas tun kann. mich gibt es nicht.

jede benennung ist falsch. schon, daß ich über die dinge rede, zeugt von realitätsverlust. wo nicht gesprochen wird, ist das sprechen über es sinnlos geworden. es wird ja nicht gesprochen.

ich habe noch keine inszenierung gesehen, in der die verführungsszene von shakespeares richard 3 gegen lady anna das geschehen zu erklären geschafft hätte. weshalb macht lady anna für den mörder ihres mannes die beine breit? die antwort ist: weil er der mörder ihres mannes ist. — die offenbarung des bösen erzwingt die folgschaft. in ihr liegt die hoffnung: daß die welt noch immer richtig ist. wenn den mördern nicht zu folgen wäre, hörte die welt auf. deshalb.

im stern nummer 9 des jahrgangs 1983 erklären in einer umfrage 84,5 prozent der arbeitslosen, niemals npd wählen zu wollen. bravo. leider erklären in derselben umfrage 79 prozent der arbeitslosen, unter gar keinen umständen dkp wählen zu wollen.

das grauenhafte, wenn man weiß es kommt, ist komisch.

in dem rührenden bemühen, die welt zu verstehen, führte in dem krankenhaus, in dem ich aufwuchs, eine krankenschwester den knotentest der waschmittelfirma omo durch.

der knotentest bestand laut fernsehwerbung darin, in ein beliebiges kleidungsstück einen knoten zu würgen und dieses kleidungsstück dann mit dem waschmittel omo zu waschen. machen sie den knotentest! diese krankenschwester machte ihn. — es ging nicht. der witz an dem knotentest war, er ging nicht. das zeug blieb dreckig unter dem knoten. — in der kommunistischen tageszeitung war dann kurz darauf ein gerichtsurteil nachzulesen, es hatte jemand diese waschmittelfirma verklagt, vorspiegelung falscher tatsachen oder sowas, das urteil lautete: die klage wird abgewiesen, denn die aufforderung, machen sie den knotentest!, ist werbung, und werbung ist nicht wörtlich zu nehmen. — anders gesagt: egal was aus dem fernseher rauskommt, es ist alles literatur. das verhältnis der brdbürger zur welt ist ein literarisches. es darf unerbittlich alles behauptet werden, dafür ist nichts davon wahr. es gibt keine wahrheit.

anläßlich des lagerfeuers in tschernobyl (tschernobyl ist überyll) nahmen die vierzigjährigen spätmütter westberlins ihre kleinkinder, schleppten sie auf die termingerecht stattfindende erstemaidemo, hielten sie hoch und riefen: jetzt aber weg hier! — ganz in derselben logik erschien in jenen tagen die immer zuverlässig erheiternde bildzeitung mit der bisher unübertroffenen schlagzeile: alles verseucht! — die bildzeitung, wenn ihr irgendjemand glauben schenken würde, müßte also unweigerlich eine massenpanik ausgelöst haben. die auflösung ist einfach: weder glauben die spätmütter an ihre eigene angst, noch glauben die bildzeitungsleser der bildzeitung. zwischen der bildzeitung und den lesern der bildzeitung besteht eine ästhetische vereinbarung, wie sie bei literatur immer besteht. in diesem fall lautet die ästhetische vereinbarung seitens der bildzeitung: wir lügen; und die vereinbarung von seiten der leser lautet: wir glauben euch nicht. — so ist alles in der ordnung. und so ist jedes bemühen sinnlos, den leuten in der ubahn ebenjene bildzeitung aus den händen zu reißen und auf die einzubrüllen: die bildzeitung lügt! natürlich lügt sie. welch eine alberne unterstellung.

ich treffe nach jahren jemanden aus der schule wieder, sie erzählt etwas über die leute, die ich kenne und die sie jeden tag in der kneipe sieht, ich frage: was arbeiten die denn; und sie weiß es nicht. — eine theatergruppe, die ich kennenlerne, ich frage einen von ihnen, was ein anderer arbeitet, jemand, mit dem der seit jahren theater macht, er weiß es nicht. er weiß nicht, wovon sein kollege lebt. — wer aus der tür mit der arbeit tritt, vergißt diese arbeit sofort. das ist das geheimnis. kein wort wird verloren über das, unter dem ich existiere.

ein aalglatter regisseur verfilmt ein drehbuch, in dem ein bauarbeiter seine anziehsachen auszieht. ich spreche mit der produzentin, ich sage: der junge war ja nun recht ansprechend, aber ein bauarbeiter zieht sich anders seine anziehsachen aus. die produzentin, ohne ihr gewinnendes lächeln abzulegen, spricht sie: ein gymnasiast zieht sich ganz in derselben weise seine anziehsachen aus wie ein bauarbeiter. — ich bringe sie mit einem blick zum schweigen, der, wäre er durch eine göttliche fügung als flammenschrift auf meiner stirn erschienen, gelautet hätte: was man beurteilen kann, soll man beurteilen: das andere nicht. — jemand, der mit kunst zu tun hat und für den die welt nicht auf der welt ist.

das geht soweit, daß auf den fotos, die in der ddr die brd abbilden, ein ganz anderes land erscheint. auch die kommunistische tageszeitung von westberlin zeigt auf ihren abbildungen personen, die eher wie ddrbürger aussehen. es handelt sich hierbei um arbeiter. — ich halte die fotografierte menge aus dem lehrbuch für politische ökonomie dicht vor meine augen, und tatsächlich sind an den kragen der demonstrierenden igmetallabzeichen zu erkennen. es ist wirklich die brd.

ich habe nie lernen können, die negativität des umgangs hier zu genießen. wenn mir jemand auf die schulter haut, tut mir das weh: meine schuld. komiker gehen bei diesen szenen leicht in die knie, den unterschied zwischen geschehenem und gemeintem andeutend; ich finde ihn nicht komisch. — jemand zieht ein buch aus meinem regal und sagt: ih, sowas liest du?, und dieser satz soll wohl einverständnis signalisieren, das kann ich mir klarmachen, aber ich verstehe es nicht. — wenn die kinder im heim von ihren betreuern verlassen werden, weil deren feierabend ist, dann rufen sie: hau doch ab! biste noch nich weg? hau ab! das ist die liebe.

wenn ein amerikaner einen orgasmus hatte, sagt er hinterher: thank you. — die warenbeziehung die freiheit, zu der die billigeren formen von hierarchie das gegenteil zu sein scheinen.

perversion ist der wille zu lob. das falsche, da es etwas richtiges unbedingt geben muß, muß richtig sein. wer nichts von mir wissen will, den begehre ich, da er sich einzig angemessen verhält. die ablehnung ist die liebe geworden, der haß die welt.

das gespräch des westens funktioniert über erfolg, erfolg regelt es. honoriert wird effektivität, größtmögliche anpassung, größtmöglicher widersinn. wer das neueste lied von michael jackson nicht kennt, stellt sich außerhalb jeder menschlichen kommunikation. beeindruckend an der ausschließlichkeit dieses gesprächs ist seine freiwilligkeit.

der verzicht darauf, die dinge zu benutzen. ein walkman ist erfunden, diskomusik zu spielen. eine kassette mit gesprochenem bleibt befremdlich. schon, wer die winzigen angebote des fernsehens zu kultur wahrnimmt, gilt als unheimlich. weshalb kuckt er nicht die rätselshows?

der späte kapitalismus funktioniert durch wegkucken. ich habe gesehen, wie schlampig bücher mit hunderttausend auflage geschrieben wurden, wie nachlässig auch gegen sich selbst, den autor; eine schleichende verachtung des publikums, die ansteckt.

der westen ist der ort, an dem sich souveränität bei den reaktionären lernen läßt. in london eine werbung für wimperntusche lautete: boyfriend or money back.

die lehre aus dem faschismus ist: wenn die zustände zu extrem werden, kann ich mich ihnen nicht mehr entziehen. also begeben wir uns in einen zustand, der so wenig extrem ist wie möglich und der mich also vergißt wie ich ihn.

daß du diese kritik so frei äußern kannst! es beweist, daß sie nicht stimmt! — das ist die drohung mit dem faschismus. sie ist immer da.

wenn ich am wochenende in westberlin bin, besuche ich das macdonald's auf dem kudamm. ich bestelle einen hamburger royal mit käse, die immer selbe rotgefärbte fünfzigjährige gibt die bestellung über ein absurdes mikrofon nach hinten weiter, ich esse den hamburger royal mit käse. er schmeckt scheußlich und macht nicht satt. — das ist die erklärung. weil der hamburger royal mit käse scheußlich schmeckt und außerdem nicht satt macht, esse ich ihn jedesmal, wenn ich westberlin betrete. die welt ist die erklärung der welt.

die tat aber ist nur durch tat mitteilbar. den verlorenen müssen wir im modder versinken lassen.

2

soll man das leid der menschen teilen? soll man, weil im fernsehen immer blöde filme kommen, immer blöde filme kucken? man soll das leid nicht teilen. man soll es lindern.

literatur hebt, und das heißt in einer klassengesellschaft, sie sieht auf die, die die dinge tun, und das sind wenige. — sozialismus ist die erfindung, daß alle menschen dinge tun sollen; die sozialistische literatur liefert in offenherziger utopie das mißverständnis dazu, literatur müsse von allen menschen handeln.

einer der organisatoren der westberliner filmfestspiele, erika gregor, gibt der kommunistischen tageszeitung ein interview, ein ereignis, und erzählt, wie sie die filme für das festival auswählt. am besten kommt bei ihr ein film über den sexuellen mißbrauch von kleinen und kleinsten kindern weg, bei dem nämlich ist ihr schlecht geworden und die vorstellung mußte abgebrochen werden. das ist für sie das größte: wenn ihr schlecht wird und die vorstellung abgebrochen werden muß. — wenn ich mich selbst erfahre, muß ich kotzen, wissen sie. deshalb probiere ich es immer und immer wieder.

die kunst des westens wird von gymnasiasten gemacht, das darf man nicht vergessen. erstaunlich zwar, was dann doch noch alles aus diesen kindermündern kommt, ganz und gar unerstaunlich aber eben, wie tragiklein und bedeutungslos das ganze dann bleibt.

filme, bei denen das publikum einschläft, sind ja schon schlimm genug, aber der westen hat es geschafft, filme zu drehen, bei denen sogar die schauspieler einschlafen. vor der kamera! isabelle huppert (dieser name ist unbedingt deutsch auszusprechen), isabelle huppert strahlt eine tranigkeit aus, die nur momentweise von ihrer kollegin jutta lampe überboten wird. — die kunst von jutta lampe zeigt etwas besonders trauriges. ich durfte dank der elektronischen aufzeichnungsgeräte des westdeutschen fernsehens jutta lampe in der schönsten liebesszene der dramatischen weltliteratur erleben; eine szene, die ich mir selber vorlese, wenn es mir schlecht geht, ein endpunkt, der in der höhe liegt. — also shakespeare, wie es euch gefällt, vierter aufzug erste szene, jutta lampe tritt auf und nölt. sie nölt! sie nölt ein ganzes stück lang, ein ganzes schauspielerleben lang nölt sich jutta lampe durch die klassiker, beleidigten tones spricht sie die entzückendsten erklärungen von liebe, sich wundernd, daß die moderne so schlaff ist wie sie selbst. — was ist mit jutta lampe geschehen? so furchtbar kann das leben doch gar nicht sein, daß in jutta lampe einfach jeder impuls, jede spannung, jeder funke erloschen ist! wenn die frau schlecht wäre, wäre alles einfach, aber sie ist die beste.

oder, mir ist ja hier kein niedergang zu nieder, klaus mitzi brandauer in dem verblüffend schlechten film mephisto von istvan szabó. klaus also macht und tut den ganzen film lang, er wälzt sich, er tanzt, er wirft die arme, er zerrt sich die letzte pore auf in nahaufnahme, und hier hab ich auch noch einen pickel, und an arschhaaren besitze ich, moment da zähle ich kurz nach. — dagegen rolf hoppe als faschist macht nichts anderes, als was er immer macht, nur stringenter. er bewegt sich von einem ort zum anderen schnell, er gibt den text rasch, in eine richtung bestimmt, sich seiner wirkung, also der des faschisten, voll bewußt. das ist alles. rolf hoppe braucht keine selbstverwirklichung, rolf hoppe braucht keine ekstase, nur ein einziges mal schreit er, das kühlste schreien, das wir seit langem erleben durften, ein extrasahneschreien. — das ist der westen. das ist die ddr.

das rührend hilflose lied für die hungerbäuche in afrika, von allen zusammen gesungen, die hier auf platten singen, nackt im wind. immer wenn ich dieses lied höre, schaudert es mich vor rührung. auf der hülle kathi thalbach in einer doppelrolle als verhungernde mutter und verhungerndes kind, und innen drin eine pseudopoesie gekrächzt und gestöhnt, im hintergrund gitte haenning haucht den refrain so schön, in dem sie sterben und hungern.

eine traurige bewunderung für diese welt kann ich nicht unterdrücken: welche anstrengung kostet es, soviel stillstand zu produzieren! — immer neue apparate für immer mehr illusion von ton, immer perfektere nachahmung dessen, das wir verabscheuen. aber ist nicht die wiedergabe von ton nur ein symbol für ton? wenn ich das radio höre, weiß ich, daß da kein orchester sitzt in diesem kasten. ich brauche keine echten pferde auf der bühne. man kann auch gegenüber einer bachkantate einen imperialismus haben.

der supernaturalismus des späten bürgertums ist eine form der entinhaltlichung. die kapitulation vor dem geschehen gebiert eine quälende genauigkeit im nachahmen der nicht mehr vorstellbaren niederlagen. — die siege finden auf postkarten statt. die bildende kunst hat sich auf die plattenhüllen zurückgezogen. proletarische identität wird bei cindy lauper begangen. — kunst zeigt nichts anderes als die wahrheit. wenn auf den plakaten keine menschen mehr zu sehen sind, heißt das bloß, daß es keine gibt. wenn die popstars ihre augen verdecken, heißt das, augen geben keine information mehr. wenn die leute sich die haare grün färben, gibt es keine haarfarbe mehr. so what? eine klage wäre weniger lustig. — es gibt dinge, wenn man sie malt, glaubt sie einem keiner. man muß sie fotografieren.

aber natürlich wird, wie immer, die beste kunst von denen gemacht, die mehr wissen als sie zugeben. die popmusik des westens wird von jazzern gemacht; das ist das geheimnis der monopolisierung. stephan remmler und annie lennox können den glanz ihrer augen nicht verbergen. die erste allgemeine verunsicherung war dem wackeren ddrradiohörer von den festivals des politischen liedes lange bekannt, bevor es diese plakate im westen gab, diese plakate, auf denen nur eines steht: tirili tirilo tirila. — so berühmt wird man mit politischer kunst nicht.

dietrich hallervorden, als er in den siebzigern noch radikales kabarett machte, in hannover stand er auf der bühne vor der vorstellung und sagte: rücken sie doch alle nach vorne in die ersten reihen, das ist angenehmer für uns zum spielen.

der schwule comiczeichner ralf könig ist bei rowohlt eben ein bißchen weniger schwul, niemand, der ihm einen vorwurf macht, auch ich nicht, jeder weiß, was geht und was nicht, jeder.

ökonomie ist gnadenlos. ökonomie, natürlich setzt sie sich hundertmal effektiver durch als administration, und, das ist das perfekte, sie erscheint als natur. kapitalentscheidungen erscheinen als moden, moden erscheinen als natur. ein geld ist da oder nicht, das ist alles.

die für den eiskremspot komponierten liederln geraten jetzt schon in die hitparaden, und der produzent, der für diesen einen jeanswerbefilm diesen einen fünzigerjahrehit wiederentdeckte, er ist schuld daran, daß der jetzt auf ddrjugendradio dt 64 gesendet wird. ich weiß nicht, was verelendung sonst sein soll. eine maus in einem rad, die läuft und hat jeans an und kopfhörer.

und wer die schlagersänger reden gehört hat, der weiß, daß selbst die trivialkultur von überraschend aufgeklärten personen veranstaltet wird. juliane werding hat ein echtes bedürfnis nach austausch und freundlichkeit. ingrid caven bewegt sich selbstverständlich in der sprache des marxismus, und jimmy sommerville nennt seine neue gruppe the communards und deren erste lp schlicht: red. — natürlich wird nichts davon eingelöst, und natürlich sind wir alle teil der übermächtigen entinhaltlichung.

die titel der musiken sind ja sowieso auf englisch, und so werden jetzt im westradio immer mehr usamerikanische sprecher eingesetzt; die kommentare der westzeitungen würde ich lesen wollen, wenn im ddrfunk leute mit russischem akzent säßen.

man soll den menschen nichts mitteilen wollen. sage nichts, wenn du sie siehst, weiche ihrem anblick aus, daß dir der mund nicht übergehe, vergib ihnen alles, sieh nicht hin. es gibt kein wort, das sie erlösen könnte.

künstler sind nicht totzukriegen: ring of ice, schmettert die unbewegliche sängerin, we're all wearing a ring of ice. aber hören die personen den text? wir wissen es nicht.

es gibt über die welt nicht mehr bedeutendes zu sagen, als marxengelslenin es taten. wir alle freuen uns über neuigkeiten; aber wo sind sie? — wenn mich die leute fragen, woher ich komme, schweige ich.

3

ein genie braucht immer eine weile, um zu begreifen, daß die anderen das nicht können, was es selber kann. ich staune jedesmal neu, wenn ich bemerke, daß jemand kein kommunist ist. der kommunismus liegt so auf der hand! aber vielleicht haben die anderen keine hand?

einer, der andauernd recht hat, der ist ja auch anstrengend. ich das lehrbuch für den wissenschaftlichen kommunismus! welthistorische mission, reifestufen des kampfes, organisiertheit und bewußtheit: seit die prawda geschrieben hat, im westen gibt es keine revolutionäre situation, ist es nicht mehr ganz so einfach, ein lehrbuch für den wissenschaftlichen kommunismus zu sein. noch schwieriger ist bloß, gegen ein lehrbuch zu polemisieren, in dem kein einziger falscher satz steht. — wissenschaftlich begründete prognosen, kunst der politischen führung, beachtung der grundlehren: darüber kann man ja zum pensionär werden. ich habe die vergreisung am eigenen leibe verspürt!, langsam kroch die lähmung meine beine hoch, die lähmung über die welt wie sie ist und, ich weiß ich weiß ich weiß, nicht bleibt. die schöpferische anwendung.

eine barocke verblüffung über den zustand der welt ist den lehrbüchern anzumerken wie den infoständen: kann das alles wirklich so sein? da es ganz offenbar so sein kann, müssen wir es auf der stelle analysieren. wir sind also für die nächste zeit und die übernächste beschäftigt, bis dahin gott mit dir, tschüß du, machs gut. tabellen und aktuelle entwicklungen füllen unsere zeitungen. die schreckensmeldung! wenn man ihr glauben darf, haben die linken chaoten doch recht. verelendung ist, wenn die erdkruste aufbricht und rote fahnen speit.

parasitismus und fäulnis: was führt lenin als kriterium ein? sein erstes kriterium ist, die monopole behindern den technischen fortschritt. ich fürchte, lieber wladimir iljitsch, ich fürchte, es stimmt nicht mehr. wir alle kennen die geschichte von dem patent für eine glühlampe mit quasi ewiger lebensdauer; es gibt es, und es liegt wirklich in irgendeinem safe. wir alle kennen die geschichte von den metallegierungen, die in den volkswagen genau so lange halten, bis die garantiefrist abgelaufen ist, eine großartige entwicklung der metallurgen. aber ist nicht ein funktionieren auch für die monopole besser als ein nichtfunktioneren? der imperialismus hat es geschafft, elektronische entwicklungen auch für den idiotenverbraucher immer billiger und billiger zu machen. die arbeitslosen stellen den größten anteil an haushalten mit video. ein land wie die usa ist auf eine terroristische art zentralisiert, dagegen ist die katholische kirche eine untergruppe der grünen; und es funktioniert! an dieser stelle eine gedenksekunde an die gegner von produktivitätssteigerung und zentralismus, auf wiedersehn in biafra.

zweites kriterium: die rentiers. was heute ein kapitalist ist, das hat erstmal urlaub. ich will hier gar nicht von jan philipp reemtsma erzählen, einem der reichsten männer der brd, der die gute alte tradition des sozial engagierten verursachers des elends in ungeahnte höhen führt. was heute ein kapitalist ist, das hat marx gelesen und weiß, daß der recht hat. weil er aber ein kapitalist ist, hat er seine angestellten, die brav seine geschäfte für ihn weiterführen, während er die welt erkennt. natürlich ist das lächerlich, aber diese erste äußerliche komik kennen wir nun auch schon. lächerlich wäre wohl eher der, der zynischen verhältnissen immer entgegenriefe: das ist aber zynisch! die verhältnisse würden dann eben mit den schultern zucken.

die rentiers, die uns wirklich sorgen machen, sind die opfer, die sich für ihr opfersein so gut bezahlen lassen. was heute ein opfer ist, das nimmt das als lukrativen beruf. die entlarvung der verhältnisse, deren schönster ausdruck der sogenannte infostand ist, sie hat einen durchaus rührenden charme, und sie ist so naiv wie ein schwimmer im becken, der mitten im wettbewerb um die weltmeisterschaft seine mitschwimmer davon zu überzeugen sucht, das wasser sei naß.

wie soll man in einem land, in dem der kaffee anstatt teurer immer noch billiger wird, gegen den imperialismus argumentieren? man kommt sich vor wie ein trottel. imperialismus?, sagt die angestellte der verpackungsindustrie und führt graziös die kaffeetasse an den manikürten mund: also sollte es so sein, daß dieser kaffee tatsächlich irgendwo gepflückt worden ist, was ich mir allerdings gar nicht vorstellen kann, so bin aber durch irgendeine gunst irgendeines unbenannt bleiben wollenden schicksals ich es, der diesen kaffee trinkt. also.

als in westberlin die sozialdemokratische erfindung der mietpreisbindung dem vergessen der geschichte anheimgegeben wurde, herrschte gerade auf der welt mein siebenundzwanzigster geburtstag. ich lag mit meinen freunden auf der wiese des tiergartens, es war kälter als sonst zu dieser zeit, wir tranken den billigen sekt, und ich erzählte meinen leuten von der aufhebung der mietpreisbindung. ich hatte von ihr in den ddrnachrichten gehört. sie war, ließ ich mir nun von den hartgesottenen westradiohörern bestätigen, den radiostationen westberlins keine nachricht wert gewesen. — nach der aufhebung der mietpreisbindung, das war allen klar, galt nun ohne einschränkung das gesetz des freien marktes. und freier markt, das bedeutet, ich das lehrbuch siehe oben, der vermieter einer wohnung kann verlangen was er will: er wird es kriegen. — wir wußten es alle. ich machte einen kleinen, schon von mir selbst zensurierten versuch zu empörung. meine freunde waren meiner meinung, welcher anderen hätten sie sein können. aber nichts konnte sie mehr empören.

die vorkommnisse des westens sind ohne dessen reichtum nicht zu verstehen. die brd ist reicher als die ddr, es führt kein weg daran vorbei. es führt auch kein weg daran vorbei, daß die billigen früchte in den supermärkten auf der ausbeutung der neger beruhen, und ausbeutung nicht in diesen höf-

lichen formen wie in mitteleuropa; der billige kaffee beruht auf der der mulatten und die haltbaren kleider auf der der weißen sozialisten. bei c & a hängen die ddranzüge für ein butterbrot. sie wünschen?
einen ddranzug, bitte.
macht ein butterbrot.
vielen dank.
wir alle verabscheuen den edlen moralismus der immer zu späten aufklärer, aber ohne dieses wissen gibt es keine wahl. ein kind, das gut leben will, kauft seine bonbons im westen. es ist dies keine frage.

das ist das problem der arbeiteraristokratie. ungleichmäßige entwicklung, das ist ja zu einem euphemismus geworden, der seinesgleichen sucht. wenn die röte des gesichts nur mehr nebenbei von überarbeitung zeugt, vor allem aber von überfressensein: wer soll dann die eiserne disziplin halten? sie geht doch schon drauf für die brigittediät.

die ddrzeitungen antworten auf dieses problem immer bloß: aber die obdachlosen! ich selbst bin nun wirklich asket, aber die heimliche freude über jeden, der seine wohnung verliert, scheint mir hilflos. es sind die reichen hände, die das glück verschenken müssen; der arme hat ja nichts. die revolution wird die reichen erreichen, wenn die den größeren reichtum sehen können, den unermeßlichen, den kommunistischen. ein obdachloser will keinen kommunismus, ein obdachloser will ein obdach. in einer zweidrittelgesellschaft, soll man auf das opferdrittel orientieren? oder soll man nicht sagen: es wird den zwei dritteln nichts nützen.

immer verschärfter läuft die verschärfung des klassenkampfes, immer skandalöser skandalieren die skandale, immer offenere verbrechen öffnen die herzen der zuschauer. die anlässe für den fälligen umsturz sind so zahlreich, daß es keine mehr gibt.

allergrößte bewußtheit bei null aktivität. das ist das merkmal des spätkapialismus. ich brauche den leuten nichts zu erzählen. ich muß nur noch die revolution machen. die leute werden mitmachen, das weiß ich. sie warten ja nur darauf.

einhunderttausendmal mehr als die erfindung des komputers bewundere ich die des strickens. ein komputer stützt sich auf die riesigen erfahrungen der vorangegangenen, aber daß man einem schaf die haare abmachen kann, sie zu fäden knirpseln und mit zwei holzstöckchen zu einem gebilde weben das wärmt: das finde ich unendlich faszinierend. — und ganz auf dieselbe weise bewundere ich auch mich selber, der ich tagaus tagein den kommunismus in westberlin einzuführen versuche, auf das unerklärbarste niemals entmutigt, durch keinerlei wirklichkeit überzeugt.

lenin sagt, wir dürfen die menschen nicht allein lassen, wir dürfen die reaktionären parlamente nicht alleine lassen, wir dürfen die kurzsichtigen gewerkschaften nicht alleine lassen, wir dürfen die rachitischen friedensbewegler nicht alleine lassen. — der kommunistische block in den westberliner 1. mai demos ist von dem der alternativen in punkto frisuren nicht mehr zu unterscheiden. erfolgreich verkleiden sich die kommunisten als nichtkommunisten. erfolgreich verbergen die klugen ihre klugheit und feiern ihr verschwinden in den vielen verschiedenen massen und mässchen. beruhigt schreiten die sozialdemokraten von aktionseinheit zu aktionseinheit, unberührt von unserer anwesenheit.

der kapitalismus, je später er wird, hält er alles aus. ich habe unter leuten gelebt, die ihre platten nicht nach den hitparaden kauften; bei denen klaus mann und nina simone niemals vergessen waren, ihr erscheinen in den zeitungen löste eher ein lächeln aus als ein intresse. — dies ist die stärke.

der westen ist so stark, daß er sogar bleifreie autos aushält, haarspray ohne treibgas, die aufhebung der zensur; so stark, daß er endlich auch begriffen hat, daß opposition den staat jung erhält. die ganze lustige pathoszertrümmerung von jandl sagt, der westen ist ein vergnügungspark. also prima.— der westen ist stark genug für ökologie, für ökologie als simple anpassung an die veränderten bedingungen für ausbeutung; der späte kapitalismus ist sogar so stark, daß er marxistische bücher aushält, marxistische theoriebildung, klugheit, mut. der westen hat es nicht mehr nötig, die welt zu verbieten. — die ddr liest holzkamp und beneidet ihn.

in der brigitte stand einmal die schöne bemerkung, über das ozonloch seien sich die wissenschaftler noch uneinig. das ist der pluralismus! irgendeiner findet sich immer, der das gegenteil von irgendwem anders sagt, und damit ist es dann auch erledigt. — zwar hat nichts einen inhalt, aber es ist alles machbar. du bist an allem selber schuld.

antikommunismus ist zu 98 prozent ein informationsproblem. einzig intressant sind natürlich die 2 prozent, aber wie soll man auf die intressanten fragen kommen, wenn man soviel mit den unintressanten zu schaffen hat?

ein buch des gewerkschaftsverlages, das von der kompletten vermassung der gedanken und der arbeiter berichtet, in ihm auf der letzten seite die reklame für einen philosophen, lobend heißt es über ihn: er ist ein einzelgänger. keiner kann ihn für sich einnehmen. das sind so die träume. das sind die kleinen mickrigen träume vom alleinsein gegen die welt. die philosophen müssen dann vorvereinsamen, und die andern wundern sich, daß sich nichts ändert. — solange die büchergilde ernst bloch für den einzigen marxisten der welt hält, solange scheiß drauf.

ich treffe einen jungdichter in der amerikagedenkbibliothek, einem geschenk der amis an das tapfere volk der westberliner. der jungdichter sieht auf das buch unter meinem arm, es sind die memoiren von leopold trepper, der jungdichter sagt: ach leopold trepper, das ist der, der so enttäuscht war hinterher, nicht? — also die ganze rote kapelle kannst du vergessen, die ist einfach weg, weil leopold trepper war nämlich hinterher enttäuscht.

der titel des buches einer frauenzeitungsredakteurin, die sich zur inderin umoperieren ließ, ganz entspannt im hier und jetzt, der titel lautet: ich möchte nur das von dir, was du mir auch geben magst. — dieser titel macht mich, ich rede jetzt ganz persönlich, fassungslos. kann ein mensch wirklich so weit gehen, jeglichen anspruch auf irgendwas einfach aufzugeben? wird unglück erträglich, wenn man ja zu ihm sagt? kann auf dauer elend zu freude erklärt werden?

der autor peter schneider, der im schriftstellerverband aufspringt, rot anläuft, seinen zeigefinger auf mich schüttelt und brüllt: du wirst ja vom osten bezahlt.

elitedenken ist hoffnung. man möchte, daß, wer hegel liest, ein anderer wird. dann lernt man den westherausgeber von hegel kennen. dann begräbt man auch diese hoffnung.

die einzelheiten der welt fallen zu unseren gunsten aus. nur als ganzes läßt sich die welt immer wieder dazu überreden, doch zu unseren ungunsten auszufallen. — lenin ist sich nicht zu schade, noch den kleinsten ansatz zu zusammenarbeit und einsicht zu zitieren; auch der verborgenste fortschritt gibt ihm anlaß zu mut und unterweisung. die unbeflecktheit der lehre wird durch ständige befleckung erreicht.

ich habe in den friedensarbeitskreisen gesessen! koordinierungsausschüsse bezirksinitiativen aktionsnachmittage! ich weiß, wie ich in die wohnungen trat und dachte: diese personen kennst du doch? diese gesichter sind dir doch durchaus nicht unbekannt?, und dann fiel es mir ein: sämtliche vertreter sämtlicher untergruppierungen sämtlicher friedensbewegungen waren natürlich kommunisten, unerkannt auch von ihresgleichen, sich selber mit erhobenen armen und entsetzten gesichtern verleugnend: nein! ich bin hier wirklich nur in meiner eigenschaft als vertreter der tiere gegen brotaufschnitt! vielleicht, eventuell, möglicherweise wäre die feststellung nicht vollkommen von der hand zu weisen, ich sei unter anderem zufällig nebenbei auch noch ein kleines bißchen mitglied der hiesigen kommunistischen partei, aber mach dir nichts daraus! vergiß es! kümmere dich nicht darum! denn vor allem, nicht wahr, vor allem bin ich: für den frieden.

stolz verkünden die kommunisten, nun endlich würden ihre forderungen auch von den sozialdemokraten vertreten, der erfolg! endlich nun sei das system so stark also, heißt das in die sprache des systems übersetzt, daß auch die schallplatten für afrika genügend lustig sind, um kräftig im fernsehen abgespielt zu werden. die auf gemeinsamkeiten orientierende kraft! mit dieser parole kann man sich allerdings auf einem gruppennachmittag der jungen union einreden, auch ihr mit einer überdurchschnittlich leistungsfähigen lupe durchaus auffindbarer dissens mit der cdu sei ein erfolg der breitesten linkskräfte dieses landes.

oder auch: es geht darum, den sozialen besitzstand zu erhalten, frieden und arbeit für alle. da will man dann überhaupt nichts mehr. das ist dann das ende jeglicher entwicklung. wenn ich nur am wochenende in mein ruhiges gärtchen darf! dann wähle ich euch auch: vielleicht.

die freude darüber, daß die ig metall auf einmal die enteignung der stahlindustrie fordert! leider fordert sie sie gerade in dem augenblick, da die stahlindustrie kräftig den sturzbach runter geht. bloß götz george steht noch am werktor und verteilt mit beiden händen illusionen. wäre er nicht so attraktiv, wendeten wir uns ab.

die westliche friedensbewegung ist inzwischen auf einem niveau angelangt, dagegen ist ein kinderlallen die relativitätstheorie. wie gerne erinnern wir uns des momentes, da in der stadt genf sowohl michail gorbatschow als auch ronald reagan ein flammender aufruf überreicht wurde, in dem sie beide aufgefordert wurden, sofort alle atomtests einzustellen: und das, nachdem die sowjetunion genau dies seit anderthalb jahren tat. — wir sind gegen ausnahmslos jede rakete!, rufen die pastoren vor den toren der raketendepots und wundern sich über den beifall der polizisten, die sie dann wegtragen und verurteilen lassen.

als die spd in westdeutschland an der macht war, schloß sie mitglieder ihrer partei aus, die gegen die stationierung neuer raketen protestierten. einen tag, genau einen tag nachdem die cdu mal wieder die verwaltung des systems übernommen hatte, einen tag danach sprach willy brandt auf einer antiraketenversammlung, es gibt noch ein foto davon, vor ihm ein plakat, pershing 2 cruise missiles nein.

in der zeit zwischen unterschreibung und ratifizierung des vertrages über die mittelstreckenraketen kamen in den zeitungen immer mal meldungen über den stand der dinge, wie weit es denn nun ist mit der ratifizierung: in den usa. daß das ding in der udssr ratifiziert werden würde, daran zweifelte nämlich niemand. jedem, auch dem übelsten kommentator des westens, war klar, daß die udssr diesen vertrag will. und das internationale treffen für kernwaffenfreie zonen findet nicht in westberlin statt, sondern in der hauptstadt der ddr. es erstaunt auch niemanden, es ist selbstverständlich. jeder weiß es. kein mensch bleibt im unklaren auf der welt.

vielleicht gibt es wahrheit doch. ich glaube ja nicht an wahrheit, aber was wahrheit ist, merke ich immer, wenn ich böll lese. ich lese gerne böll. alle sind so nett bei ihm. der berufsverbotene lehrer ist nett, die terroristin ist nett, der industrielle ist nett, man kriegt lust, auf ein dorf zu ziehen. aber böll ist nicht die wahrheit. die wahrheit, das sind elsner und jelinek.

die künstler wissen alles. rainald goetz läßt sich fotografieren vor einem tisch mit büchern, und auf ihm erkennen wir das philosophische wörterbuch von buhr, ddr. wo rainald goetz unrecht hat, schreibt er doch die wahrheit.

welch verschlungene wege geht die sympathie mit dem kommunismus auch! in westberlin sehe ich das prometheusstück von michael hirsch, in dem die götter versuchen, welemir chlebnikow das feuer zu rauben. daß die götter in diesem stück böse sind, ist sicher ein zeichen des niedergangs; wirklich bemerkenswert an diesem abend aber ist die darstellung des volkskommissars im stück, einer frau. die schauspielerin ist hochgewachsen, schön, kurzhaarig, und sie spielt diesen volkskommissar: elegant. das ist das verblüffende. eleganz ist die fähigkeit, sich nicht anzustrengen beim sichanstrengen. diese eleganz sagt mehr über das verhältnis der künstlerin zum kommunismus als jeder satz, den ein kommunistischer autor sie hätte sprechen lassen; und den sie schon deshalb nicht sprechen konnte, weil weder sie noch der autor und regisseur diesen satz kannten. das beeindruckende war die selbstverständlichkeit, mit der westliche künstler plötzlich wissen, wo die welt liegt. eine selbstverständlichkeit, die uns selber, so verbissen wir sind, so oft fehlt.

ich intressiere mich in wirklichkeit gar nicht für politik. politik ist auch kein gegenstand für kunst, politik ist wiederholung und steppe; aber durch die öde hindurch, durch die wiederholung der wiederholung hindurch, durch den ekel hindurch: revolutionäre kunst — sie ist es, die mich am meisten fasziniert.

wenn die reaktionären lösungen die zentren stabil halten, gilt die gescheitheit der zukunft. nähe und ferne zu ihr bedingen unsere aktualitäten, nicht mehr. eine revolutionäre situation ist dort, wo es arbeit gibt für uns.

und die eigene kultur? kommunisten haben ja ihre eigene kultur! wir haben veronika fischer bejubelt, wenn sie auf den kommunistischen festen auftrat: na, dachte sich da veronika munter, ich werde also im westen bejubelt werden, und kam rüber: der irrtum. — schon über die tröstlichen lieder von tino eisbrenner ist keine verständigung möglich. was war eigentlich der hit des jahres, kucken meine freunde erwartungsvoll in die runde. ich sage: na tino eisbrenner mit dem jahrhundertwerk: laß doch. tino eisbrenner? schon ein kennichnich entbleibt. kommunisten hören nicht amerika. kommunisten gibt es nicht.

man wagt es kaum, eine westgruppe zu loben, die noch keiner kennt. ja, drei wochen später! drei wochen später jubeln sie alle, versichern einander der blicke und genießen die angebote von schönheit. weil es alle kennen, kenne ich es auch. weil ich es kenne, ist es gut. ich bin wieder einmal davongekommen.

manchmal wundere ich mich, daß die anderen sich nicht wundern, daß ich mich nicht wundere.

der türkische intellektuelle auf der wiese vom ersten mai in westberlin, er hat mich angesehen. wir sitzen auf der riesigen wiese, es ist das ende der demo, vor zehn jahren stehen wir noch gedrängt dicht beieinander auf dieser wiese, heute haben wir unsere picknickdecken mitgebracht und legen uns, die nächste gruppe meter entfernt. die nächste gruppe besteht aus türken, jungen türken, bestimmt lauter gewerkschafter, die zuhause immer gefoltert werden, und unter diesen jungen türken nun, frauen sind nicht vorhanden, sitzt ein fünfunddreißigjähriger mann mit schönen augen, der offenbar nicht körperlich arbeitet. ich sehe ihn an. ich sehe ihn an und merke, daß auch er mich ansieht, er sieht mich andauernd an, und zwar immer für eine hundertstelsekunde, ganz offensichtlich und vollkommen unsichtbar. ich bin vollkommen fasziniert, und als schamlose person starre ich natürlich unentwegt zurück, und er, er erwidert diesen blick ständig, ständig für eine hundertstelsekunde zu mir, in das gespräch für seine kameraden unentdeckbar vertieft. — vielleicht sollte ich diesen mann heiraten, bestimmt kann er nie wieder zurück in seine heimat, und ich koche immer für ihn, während er seinen unermüdlichen kampf kämpft, mich über jahrzehnte verschweigend. abends kommt er zurück und sieht mich an, lange.

im nachtprogramm des westradios kann man manchmal einen genossen moderieren hören. natürlich weiß es keiner.

2 DDR SIEHT BRD. DAS MISSVERSTÄNDNIS

könig midas ist daran gestorben, daß alles, was er berührte, zu gold wurde, auch die nahrung in seinem schlund; hier verwandelt sich alles, wonach man greift, selbst wenn es gold ist, in mist, weil man in wirklichkeit gar nicht danach greifen möchte. es ist erstaunlich, wie traurig die menschen im supermarkt aussehen, wenn sie aus dem prachtschimmernden angebot auswählen. könnten die armen anderer kontinente es sehen, müßten sie meinen, es sei ein opiumtraum. ach, würden sie sagen, wenn *ich* etwas davon bekommen könnte, würde es sich bestimmt nicht in mist verwandeln!
EDITH ANDERSON

denn ich durfte zahllose ergüsse lesen, in denen ordensleute ihren stand, den sie gut kennen und verabscheuen, der welt gegenüberstellen, die sie lieben, verleumden und nicht kennen.
DENIS DIDEROT

die fremden gefallen mir nicht. ich weiß nicht, zu laut. sicher sehen die hübsch aus, aber die mädchen sind aufgedonnert und die jungen muffig, ersticken vor reichtum, und dann wird ihnen hier alles in den arsch geblasen. das sollte mal einer mit mir machen.
EINAR SCHLEEF

in vieler hinsicht war sie ganz und gar englisch, und sie bot ein ausgezeichnetes beispiel

für die tatsache, daß wir wirklich heute mit amerika alles gemeinsam haben, natürlich mit ausnahme der sprache.
OSCAR WILDE

die ferne ist ein schöner ort /
doch wenn ich da bin ist sie fort /
die ferne ist wo ich nicht bin /
ich geh und geh und komm nicht hin //
SILLY

folgt man den in der fachpublikation buch und buchhandel in zahlen veröffentlichten statistiken, so hat die ddr mit ihren 16,6 millionen einwohnern 1987 für 2,2 millionen verrechnungseinheiten mehr bücher und zeitschriften aus der brd bezogen als diese für ihre viermal größere bevölkerung.
KLAUS HÖPCKE

— wenn man ein stück von beckett wirklich intensiv ansieht, dann kann man eigentlich nur noch den schluß ziehen, daß man am nächsten tag in die kommunistische partei eintreten muß.
— aber es hat keine großen früchte getragen?
— vielleicht liegt das daran, daß, wenn einer dann zum parteibüro kommt und sagt, ich habe beckett gesehen, dann nehmen die ihn nicht.
HEINER MÜLLER

brüderliche kampfesgrüße der sew, die entschlossen die interessen der werktätigen westberlins vertritt!
LOSUNG 43 DES ZK DER SED
ZUM 1. MAI 1986

kampfesgrüße der sew in ihrem konsequenten ringen für die interessen der werktätigen westberlins!
LOSUNG 43 DES ZK DER SED
ZUM 1. Mai 1987

gruß den genossen der sew, die für die interessen der werktätigen westberlins kämpfen!
LOSUNG 43 DES ZK DER SED
ZUM 1. MAI 1988

ehrenburg steht mir irgendwie näher als andere, vielleicht deswegen, weil er die ganze tragik des menschenschicksals in westeuropa so gut begriffen hat.
ANNA SEGHERS

und dann kam ich in das land, wo es kein unglück gibt. — natürlich wissen die leute nicht, daß es bei ihnen kein unglück gibt, da würden sie ja nur noch schreien. sie wissen es nicht, und auch wir haben nicht vor, es ihnen zu erzählen.

1

ein paar tage, bevor wir uns in den westen begaben, fuhren wir zur jugendweihe irgendeiner großcousine, es gibt noch bilder davon, ein letztes zusammensein. damals spielten sie im radio immer these boots are made for walking, man weiß das tatsächlich als sechsjähriger. dark walking!, rief nancy sinatra zum abschied, und dann gingen wir.

eine der großen kunstleistungen des westens ist der film the rocky horror picture show. zu einer der vorstellungen nahm ich meine freundin lydia mit, sie war die vorsitzende meiner parteigruppe und ich wohnte bei ihr, zum erstenmal weg von zuhaus. wir gingen in die rocky horror picture show, wir verließen das kino, lydia sah mich an und sagte: du weißt, daß das im sozialismus verboten sein wird. natürlich, sagte ich: natürlich.

ich glaube, der westen ist nur über seine extreme begreifbar. und gerade deshalb ist die kritik an diesen extremen unsinnig. — eine spezialität der zeitung eulenspiegel ist es, kapitalisten zu beschreiben, die, sagen wir, sich hemden aus metallteilen schneidern lassen. filme wie der weiße hai oder der exorzist wurden ausführlich besprochen. gezeigt werden sollten die verrohung und die unmenschlichkeit. gezeigt werden sollten die verrohung und die unmenschlichkeit der künstler! natürlich als zeichen der allgemeinen verrohung, aber festgemacht eben an der widerwärtigkeit der kunst. — so gesehen, ist an westkunst für die ddr gerade noch erträglich gabriele wohmann. den bestand der antiquariate bilden peter härtling, luise rinser, martin walser: also die ganze galerie von zweitrangigen knalltypen. die gehen bei, wie man im saarland sagt, die gehen ans herz, eine sympathische wehmut, die sich über die welt legt.

dinge nicht zu beschreiben, die einem nicht gefallen, ist nur konsequent. hätte die ddr den ulysses von joyce gedruckt, wenn leopold bloom ein kommunistischer funktionär gewesen wäre? die hilflosen friedenslieder der westsänger laufen im ddrradio nicht. sind die lieben dieser personen vernünftiger? weshalb die scheu vor den abstrusitäten? weil es abstrusitäten sind.

eine frauenfeindliche bemerkung von arno schmidt? nun ja. aber ganze glänzende essays von ihm werden wegen eines antikommunistischen satzes nicht gedruckt. also, mich machen beide dummheiten die stirne runzeln, kann ich nur sagen.

personen wie ingrid caven, rainer werner faßbinder und elfriede jelinek sind mit ihren hauptwerken in der ddr unbekannt. die ddr sieht, wie eklig die welt in ihren produkten ist, und will das nicht. ih. — jeder bezieht jede literatur immer auf sich. die ddrkritik besteht aus abwehr. es ist ganz klar, warum die ausgesperrten von jelinek hier nicht gedruckt werden: sie sind zu gnadenlos gegenüber den kommunisten (jelinek ist in der partei). und es ist klar, warum das berührungsverbot von elsner nicht gedruckt wird: es ist ja unsittlich. hier geschieht, wie immer, die gleichsetzung von autor und gegenstand. in einem buch über amerikanische literatur äußert sich jemand abfällig über hubert selby, weil der pathologische themen hat. da versagt dann sogar der marxismus, wenn es um geschmack und anstand geht.

auf die weise kann eine zeit einen autor tot machen; allerdings hält es nur diese eine zeit.

es gibt seit dreißig jahren dieses letzte foto von ethel und julius rosenberg, seit meiner kindheit sehe ich es wieder und wieder in den ddrzeitungen: ihre letzte begegnung, im wagen zum elektrischen stuhl, in handschellen küssen sie einander, innig. ich habe das foto jetzt in einer westzeitung gesehen, zum ersten mal. das foto geht noch weiter: neben den beiden, neben diesem kuß sitzt ein dicker weißer wärter und grinst breit in die kamera, uns an. dieser mann wird in der ddr seit dreißig jahren abgeschnitten. aber gerade er ist doch die information des fotos! die beiden rosenbergs, auf deren seite sind wir sowieso. aber dieses fette schwein daneben! das wollen wir auch sehen.

die jahrzehnte, die die künstlerische avantgarde brauchte, in den sozialistischen ländern wahrgenommen zu werden, haben die welt schmerzvoller werden lassen.

die ddr ging eine zeit lang soweit, polemiken gegen neueste westfilme zu verfassen, polemiken gegen die rocky horror picture show, die sogar meine alte genossin ellen weiterblätterte, weil die nun wirklich unsinn waren.

die ddrherausgeberin des werkes von ingeborg bachmann stellt im institut für weltbeschreibung ihre edition vor. besonders gelungen ist mir das nachwort, ich habe auch jahre dafür gebraucht. dies ist es. jetzt dürfen fragen gestellt werden.
ich frage: warum ist das kurze leipzigfragment nicht in der ausgabe enthalten.
sie sagt: die ausgabe ist doch noch gar nicht erschienen.
ich sage: wetten?
sie sagt: ich wette nie. im übrigen ist das leipzigfragment tatsächlich nicht in der ausgabe enthalten. es hat aber keinerlei gründe.
ich sage: wäre nicht wichtig, für ddrleser, zu wissen, was ingeborg bachmann mit leipzig anfangen konnte, nämlich nicht allzuviel? gehört das nicht zum bild von dieser frau? daß leipzig mehr ist, als diese beschreibung ahnen läßt, das weiß der leipziger ja. aber die bachmann. aber die dokumentation. aber die wahrheit über sie. —
die ddrherausgeberin des werkes von ingeborg bachmann, ich glaube sie versteht mich nicht. das leipzigfragment ist nicht besonders, also drucken wir es nicht mit ab. daß da ein bild gefälscht wird, daß da seit vierzig jahren die brdautoren zu halben kommunisten gemacht werden, daß da die ddr unfähig gemacht wird, die brd zu sehen: das versteht sie nicht.

der in der sowjetunion verlegte briefwechsel zwischen dem politiker lenin und dem schriftsteller gorki läßt uns die ganze zeit überlegen, warum lenin über jahre hinweg briefe an jemanden richtet, der offenbar niemals antwortet. und während wir diesen gedanken in unserem kopfe sich formieren lassen, wissen wir auch plötzlich: der briefwechsel zwischen lenin und gorki besteht nur deshalb zu neunzig prozent aus den briefen lenins: weil gorki mit lenin nicht immer einer meinung war. ja. so ist das nämlich. nun zum nächsten.

wo erfahre ich, daß ernesto cardenal gegen abtreibung spricht? in einer westzeitung. spezialisten für hämischen unterton, weisen sie auf die widersprüche der welt und rufen: wir sind es, die sie zeigen! unser zeigefinger der finger der welt! — und wer vermag sie angesichts der popligen ddr-illustrierten zu widerlegen?

also irgendwo sind die leute hier auch selber schuld. immer machen sie sich einen kopf, immer grübeln sie über die welt, immer befragen sie einander nach den ereignissen. der westen hat gelernt zu ignorieren, zu allererst sich selbst. etwas gefällt mir nicht? ignorieren wirs! etwas ist bedrohlich? etwas wird kommen auch ohne mich? vergessen wir die angelegenheit. — die ddr, wenn irgendwo irgendwas nicht stimmt, merkt sie es noch. das ist der sozialismus.

was für ein schwindelgefühl ergreift mich, als in der sylvestershow 86/87, ich zu besuch in westberlin, der blonde stephan, thomas und ich vor dem fernseher, helga hahnemann spielt wunderschön etwas kleines mit dieter mann — als da plötzlich die versammelte mannschaft anfängt, das lied time warp aus der rocky horror picture show zu singen. it really drives you insane!

wer nicht aus egoistischen motiven revolutionär ist, wird immer ein unzuverlässiger kämpfer bleiben. der marquis de sade war der revolution noch treu, als auch unter ihr er wieder im gefängnis saß. er ist bis heute nicht zuverlässig ins deutsche übersetzt. so alt ist das augenverschließen vor der welt; keine ganz gute tradition.

antje, die ich immer anna nannte. wenn ich in die klasse kam, fingen wir an, hamburgisch zu reden, na schönster, sagte anna, na schönste, sagte ich, ein spiel. anna ging dann ab und lernte bei meiner mutter krankenschwester, sie wohnte nicht bei uns im wohnheim. eines tages hatte sie auf dem rücksitz ihres autos eine plastiktüte mit dem aufdruck der kommunistischen buchhandlung, ein geheimes zeichen, eine wunderbare bedeutung. anna schlief mit dem tschechischen arzt, der jedes wochenende nach hause fuhr; er wurde dann entlassen, weil er immer auf krankenhauskosten nach new york telefoniert hatte. anna redete mit mir nie wieder hamburgisch, als sie nicht mehr mit mir zur schule ging.

wenn es eine schmach gibt, die der vergangenheit zugefügt werden kann, dann die, daß die zukunft funktioniert. das schönste bauwerk europas ist die mauer.

2

denn natürlich funktioniert die mauer nach beiden seiten. daß die brdbürger nichts über die ddr wissen, na das sehen wir noch ein. umgekehrt verhält es sich allerdings genauso. und daß das auch vollkommen richtig eingerichtet ist so, das wollen wir hier beweisen.

brdkunst ist lustig für ddrbürger. da es das unglück nicht gibt, das in den büchern steht, bleibt der genuß ganz rein.

allerdings darf man das nicht zugeben. das schlechte gewissen der marxisten läßt sie in den zeitungsredaktionen bei buchbesprechungen immer die realität beschwören. die wirklichkeit! drüben ist sie besonders schlimm.

eine ausstellung von a. paul weber etwa wird im radio angekündigt als: sehr engagierte kunst aus der brd. sehr engagierte kunst aus der brd! gehen wir da hin? da gehen wir nicht hin.

kinoansage auf sender leipzig: cox habbema erleben sie in dem niederländischen film die stille um christine m., in dem laute fragen gestellt werden nach der sozialstruktur der niederlande. — ja.

dieter bongartz, jammerlappen aus düsseldorf, schreibt eine artikelserie über das berufsverbot eines lehrers, in der ddr wird sie als buch gedruckt, steht hier in den regalen der buchläden, die leute nehmen raus, sehen rein, klappen zu und stellen weg. dieses buch intressiert uns leider gar nicht. — ach es ist alles zum kotzen.

gisela elsner liest in der ddr, wat hamwer jelacht. entsetzt und ungläubig lauschen die durch freundlichkeit verdorbenen den ausbrüchen der genialen dichterin. von dem düsteren gelächter bebt das theater im palast, auf der bühne die intendantin bebt mit, mühsam ihr fotogenes gesicht bewahrend. dann bemitleidet man die menschen, die im westen leben müssen. dann verabscheut man die autorin, weil sie so schreckliche sachen schreibt. — gisela elsner, wenn sie das land verläßt, beantwortet die fragen der reporter. ich kenne die ddr jetzt drei tage und finde sie ganz prima, ich habe immer nur kaviar gegessen.

im besten deutschsprachigen theater, dem deutschen theater berlin ddr, sehe ich die komödie vor dem ruhestand von thomas bernhard. das stück ist nicht besonders, aber es macht das, was uns noch übrig bleibt: es treibt die barbarei so hoch, daß sie furchtbar komisch wird. das stück spielt an einem siebten oktober, und das ist, wie wir alle wissen, der geburtstag von heinrich himmler. zur feier des tages ziehen sich klaus piontek und inge keller ihre alten naziuniformen an und erinnern sich wehmütig; ein gegenwartsstück. wie keller neben piontek steht, ihm die uniform entfusselt und lächelt, wie sie dieses unglaublich ungebrochene, vollkommen angenommene lächeln lächelt, wie sie stolz da steht und ihre augen glänzen, der mund ganz breit gemacht: das ist allerhöchste schauspielkunst. und da sitze ich also und lache und lache, und plötzlich tippt mir jemand auf die schulter und kuckt mich ganz böse an und strafend, und da bemerke ich, daß ich der einzige bin im ausverkauften haus, der über dieses stück lacht! das publikum, rechtschaffen empört über das geschehen, sieht die komik nicht mehr. die ddr hat verlernt, die wirklichkeit auszuhalten. sie kann sie nur noch verurteilen. sie kann nur noch wegkucken.

ich leide mit dietrich kittner, wenn er in einem leipziger kabarett gastiert, aber vielleicht leidet er gar nicht. daß dieses alles, was er ruft, so grauenhaft richtig ist, auf eine so entmutigende weise noch immer bloß wahr, es ergreift mich mit unendlicher traurigkeit. auf der bühne steht ein mann, den ich kenne seit ich in derselben stadt lebte wie er, und der die scherze macht, die ich schon tausendmal gehört zu haben glaube, dabei sind es neue scherze, nur die welt ist immer noch dieselbe. ich bin es, der auf dieser bühne steht, und ich schäme mich, daß nicht ich es bin, der auf dieser bühne steht und diese übernotwendige menschenarbeit tut, platte, unwitzige witze über das großkapital. — als kittner nach der vorstellung aus der garderobe kommt, begrüßt er mich, erzählt sofort und unmittelbar, er hat kugelschreiber mit mit der adresse seines theaters, ich bin einer von uns. sein sohn verkauft mit seiner punkband mehr platten als er, damals saß der sohn in meiner sdajgruppe und litt unter dem subkulturellen ruhm seines vaters. zum abschied gibt mir dietrich die hand, ein ungemein freundlicher, besessener mann, den ich nicht zum vater haben möchte. ein märtyrer. ich gehe und ich schäme mich. ich schäme mich, daß ich nicht tue, was dietrich kittner tut.

ich habe mich immer gefragt, warum noch heute krimis und sogenannte utopische romane der ddr so sehr oft im westen spielen. irgendwann fiel mir die antwort ein: es gibt die vergangenheit noch. die vergangenheit des genres drückt sich im ort des geschehens aus. daß stanislaw lem die zukunft als gegenstand wählt, beweist nicht ihr vorhandensein, wie er früher glaubte, sondern im gegenteil: daß sie noch nicht da ist. wenn lem im roman der schnupfen paris in der ichform beschreibt, dann ist da beim leser plötzlich eine leise irritation über die vielen firmen und markennamen, und schließlich begreift man: er muß zeigen, daß er da war, daß er paris auch wirklich kennt; und macht immer einen tick zuviel.

die leute werden mißtrauisch, wenn in der zeitung die zahl der kindesmißhandlungen steht: die der brd; die der ddr nämlich muß man sich selber ausdenken.

ein sprachwissenschaftler ist ganz erstaunt darüber, daß roman jakobson immer stalin zitiert, wo gerade er es doch gar nicht mußte.

roland opitz, vom russischprofessor aufgestiegen zum direktor des reclam verlages, durch die brd wandert er und wundert sich. eine unsinnigkeit nach der anderen! die türen zu den kaufhäusern stehen offen, die billigen sachen stehen auf der straße, ein gebläse wärmt uns, nach innen zu wird es immer teurer, und plötzlich steht man inmitten des glanzes und weiß gar nicht, wie man herein gekommen ist. die energie!

mehrere mütter im seminar waschen windeln, wir unterhalten uns über wegwerfwindeln, sie sagen: welch eine verschwendung.

roland opitz druckt das unsägliche goethebuch von hans mayer, auflage 25 000, es ist gleich weg in den buchläden, in der brd hat das buch eine auflage von 3000 und kostet das zehnfache. — als hans mayer in leipzig auftritt, sind die veranstaltungen hoffnungslos ausverkauft, und roland opitz erzählt nun im institut, daß er oft auf karten angesprochen wird, und erzählt, wie die leute, die keine gekriegt haben von ihm, reagieren: sie fangen an, diesen umstand zu interpretieren. sie fühlen sich bedroht. sie können nicht anders, als ihr ausgeschlossensein mit dem ausgeschlossensein von der welt in zusammenhang zu bringen.

die studenten übrigens lehnen die erfahrungen von roland opitz ab. als er die eben gehörten hochintressanten geschichten erzählt hat und es zur pause zeit ist, herrscht unter ihnen ein einiger spott. wenn jemand in den westen fahren kann, kann er mir leider gar nichts mehr erzählen, denn ich, nicht wahr, ich kann nämlich nicht in den westen fahren. es herrscht also zwischen uns keinerlei verständigung. wenn da überraschenderweise doch eine verständigung geschieht, lehne ich diese verständigung konsequent ab. sollte ich eines tages selber einmal in den westen fahren, was mir gut passieren kann, da ich die laufbahn eines berufsschriftstellers anstrebe, in diesem falle also werde ich die verständigung mit mir selber ebenso konsequent und sofort abbrechen. ich habe mir dann nichts mehr zu sagen.

eine platte von queen kostet auf dem schwarzmarkt einhundert m.

gelesen werden ausländische bücher. aber leserbriefe schreibt man nicht an márquez. die bewunderung für die welt schließt eine bemerkenswerte kälte gegen sie ein. die wirkliche nähe wird von dem nahen hergestellt.

das geheimnis ist, westbücher lassen die personen kalt. vor dem regal meiner freundin irene steht eine junge mathematikstudentin und will sich was ausleihen. ich zeige ihr die gemeinen bücher aus dem westen, sie sagt: ach jelinek ach elsner, die hab ich ja schonmal gelesen.
ich sage: aber die nicht, die gibts hier nicht.
sie sagt: das war so eklig.
ich sage: ja, es war der spätkapitalismus.
ja, sagt sie, eben. —
ich fürchte, kambodschanische lyrik ist ihnen näher.

ich habe, sagt gisela kraft zu mir, aufgehört, mit ihnen darüber zu reden. sie wollen es auch gar nicht wissen. wir verabschieden uns auf dem sbahnsteig, ein kurzes herzloses gespräch das mir hilft. vom sbahnsteig aus können wir den westen sehen. habe ich dir von der hongkonglösung erzählt?, ruft gisela, als meine bahn einfährt, hongkonglösung für westberlin, bis 1999 können die idioten ja weggezogen sein, wie findest du das.

hacks hat über brecht gut lachen! über brecht, der immer zu groß war für den kampf den er führte, und der dann darunter zu leiden hatte, daß die leute um ihn drumrum noch zu klein für den kampf waren, ihn nichtmal führten. brechts ständige ungerechtigkeit gegen goethe etwa ist der traurige neid auf einen, der von einer lösung entfernt genug war, um sie nicht durchsetzen zu wollen mit allen mitteln: grauenhaft ist, das ziel zu sehen, ohne es erreichen zu können.

das grauenhafte ist, daß alles noch stimmt. wenn wir sagen könnten: brecht, nagut, das ist fünfzig jahre her. aber so! brecht liegt auf den tischen in diesem institut, die studenten im halbkreis beugen sie sich über ihn und wundern sich. bei ein oder zwei der satz: ich kann mit brecht nichts anfangen; bei anderen höflichkeit.

der dozent für die literatur der ersten jahrhunderthälfte ist ein älterer herr, der versucht, seinen studenten klarzumachen, daß klaus mann — den er für die ddr herausgibt — nicht anders konnte als über politik zu schreiben; der einbruch der welt ins material. aber auch bei ihm beginnt dies eigentümliche kopfschütteln, wenn ich von den texten von hugo von hofmannsthal als selbsthaß berichte. selbsthaß?, schütteln die studenten den kopf, gibts das? selbsthaß, schüttelt thomas zuhause den kopf, den sollen die nicht kennen? glaubichnich.

die unfaßbare unbildung im westen ist schlicht nicht vermittelbar. in london der schwarze junge mit dem diamant im zahn, er lächelt wunderbar, legt seinen kopf schief und sagt: berlin? it's in germany, eh?, und niemals käme ich auf die idee, ihn nach dem namen der ddr zu fragen; er hat ihn nie gehört. — also wenn mir das jemand von london erzählen würde, ich muß sagen, ich würde das auch nicht glauben.

denn natürlich glauben sie einem nicht. sie haben auch keine vorstellung mehr davon, daß etwa linke untereinander uneinig sein können. jemand war mitglied der räteregierung in bayern, also kommunist; etwas anderes liegt außerhalb ihrer vorstellung.

der dozent für weltliteratur kann heinrich manns geschichte mit dem titel eine liebesgeschichte, die unter kapitalisten spielt, nicht anders wahrnehmen als als satire. er denkt, daß es gar keine liebesgeschichte ist. er vertraut dem dichter nicht, weil er an die realität hinter der geschichte nicht glaubt.

mein parteisekretär, der blasse spitznasige dirk, als ich ihm erzähle, daß der verlag, bei dem in der brd das buch von michail gorbatschow erscheint, sonst johannes mario simmel druckt, sagt verächtlich: na, da ging es wohl um geld. ein antikommunistischer verlag! mein parteisekretär ist empört, weil er nicht weiß, daß es in der brd keine anderen als antikommunistische verlage gibt. es gibt keine.

in dem sehr informativen und deprimierenden buch zur geschichte der kommunistischen partei der usa, das der dietz verlag aus dem englischen wacker übersetzt hat — in sowas sind sie ja unermüdlich —, in diesem buch siezen die genossen einander alle. ein ddrübersetzer übersetzt die anreden in der partei mit sie.

aber man muß ja nicht alles begreifen. vielleicht ist der jüdische antisemitismus von otto weininger nur eine abseitigkeit? — ein begriff wie linker antikommunismus ist den ddrleuten nicht plausibel zu machen. er ist ja auch nicht plausibel; allerdings bezeichnet er eine massive realität. aber geht die realität die ddr etwas an?

der westen, eklektizistisch aus stärke, hat die begriffe perestroika und glasnost in seinen wortschatz aufgenommen. in den ddrmedien heißen die dinger umgestaltung und offenheit. bei den bürgern der ddr haben sich die russischen namen durchgesetzt. sie haben sich auf russisch durchgesetzt, weil der westen sie so benutzt.

der westen hat es geschafft, in der ddr statt des begriffes waldlauf den begriff jogging einzuführen. — die westtüten, die das bild der straßen bestimmen, sind ausschließlich ornament. aldi real kd drogeriemarkt: was anderes könnte dies sein als schlicht das andere, das andere ohne sinn? — das meistverkaufte getränk in nicaragua ist cocacola.

die merkwürdige geschichtlichkeit des blicks: ein buch über die jahrhundertwende heißt gestalten der bismarckzeit. das ist die historische gerechtigkeit. demnächst dann vielleicht ein buch gestalten der hitlerzeit, von abs bis thälmann im alphabet? warten wirs ab.

denn sie wissen ja alles. eine merkwürdige leere, sagen sie über bücher, die im westen als lockerflockig gelten. der schwule krankenpfleger in leipzig, als er die protokolle von studs terkel liest, sagt: die machen das ja alle selbst! — eine bemerkung, die den anschluß an die kulturdiskussion von irene döllig durchaus nicht versäumt hat. die machen das ja alle selbst! damit ist die epoche auf den begriff gebracht.

meine zweihundert jahre alte nachbarin in leipzig klingelt, ich soll ihren fernseher neu einstellen, sie hat alle knöpfe verdreht, und in einer viertelstunde fängt doch die schwarzwaldklinik an. ich hocke mich vor den apparat, ich drehe, es erscheinen die westnachrichten. politiker sprechen, bilder erscheinen von unvorstellbaren katastrophen, grundsatzurteile über den stillstand, wieder sprechen politiker. meine zweihundert jahre alte nachbarin legt ihre hand auf meinen arm und flüstert: alles verrückte.

der park in leipzig, in dem sich mit dem einbruch der dunkelheit die schwulen stumm versammeln, er wird hier strich genannt. das wort strich bezeichnet ja im westen den ort, an dem der geschlechtsverkehr käuflich zu erwerben ist; ein vorgang, der hier nur noch in den hotels mit den westgästen stattfindet. das wort strich bezeichnet inzwischen nur noch die tatsache, daß hier die organisation von geschlechtsverkehr auf ein momentanes minimum verkürzt wird; der vorgang der bezahlung ist abgesunken in die vorgeschichte der menschheit. — durch den park übrigens flanieren regelmäßig polizisten. die ersten male erschrecke ich, bleibe stehen, beobachte sie. sie tuen nichts. sie wissen was vorgeht, sie richten ihr wort an niemanden, sie erhalten die ordnung. ein schutz.

david bowie kommt so selten auf dt 64, weil er wirklich etwas sagt. die übergroße einsamkeit, die aus seinen liedern spricht, hebt bowie aus der rezeption der ddr heraus, aus der fähigkeit und bereitschaft, diese lieder zu hören. — ich halte sie übrigens selber schlecht aus, weil auch ich diese einsamkeit nicht will.

ein durchschnittliches lied, auf westradio gespielt, wird auch sofort reaktionär. somehow evrything is right, auf ddr geht das mit diesem schulterzucken, das wir alle kennen. inmitten von scheiße ist es leider falsch.

walter benjamin in der ddr ist anregend, ungewöhnlich, reich. zuhause blättere ich die westausgaben durch und lese nur ratlosigkeit. der sog der verzweiflung verwandelt den text.

in den ddrlektoraten nimmt man die austritte mit einem schulterzucken zur kenntnis. fuchs ritter timm sind nicht mehr in der partei. man erzählt es sich, wie man eine bettgeschichte erzählt.

vor das stadion, in dem peter maffay auftreten wird, schiebt ein junge sein motorrad. er bietet es an, zum tausch, für eine karte.

michael sagt: rias 2 am morgen, das ist wie: dumm fickt gut.

bücher werden im institut oft auf die westzitate hin gelesen. — die antworten der ddr beziehen sich immer auf das gespräch der welt; das gespräch, das die kinder nicht kennen. sie kennen nur die ewigen antworten. — denn die kommunisten sind ja viel weniger lustig als die antikommunisten.

aus einem verdreckten karton im schlamm des westberliner flohmarktes fische ich zwei bände der taschenbuchausgabe von stefan george, eine mark pro stück, früher gab es die ausgabe nur gebunden und kostete zweihundert. in der ddr erscheint, zum ersten mal, eine georgeauswahl, und sie liegt in den läden, sie kostet einsfünfzig und wird nicht gekauft. die ddr hat george vergessen gemacht.

was ist das, es ist schwarz und sitzt und sitzt und sitzt.
nelson mandela.
über angela davis, sagt man mir, gab es keine witze.

oder ist dies eine qualität? ein wirklicher einwand: ist dies nichtwissenwollen von der welt vielleicht der erfolg? daß die ddr die augen verschließt vor der realität um sie drumrum, vielleicht ist das der sozialismus? — immer komme ich mir vor wie der rote großvater, der von den vergangenen zeiten erzählt. dabei bin ich doch so jung, nicht wahr, und auf die vollkommenste weise wirklich da.

3

wir kamen nachts an, das erstemal in meinem leben war ich bis drei uhr morgens wach gewesen, nur im kofferraum hatte ich geschlafen, für die grenze wurde ich wach gemacht, noch jetzt höre ich das scherzen des fahrers mit dem genossen, der in seine papiere sah. — wir gingen über den bahnhofsvorplatz in hannover, eine unwirkliche euphorie, in dem eingang des hotels stand ein lächelnder mann, dem wir angekündigt waren; er wies eine betrunkene frau zurück, die aussah wie hildegard knef, es sei kein zimmer frei, die frau schimpfte im weggehen, ohne richtung.

sagen wir, ein stück über lenin. ein stück über lenin ist quatsch, wenn lenin gesiegt hat. wenn aber lenin noch nicht gesiegt hat wie im westen, wird niemand ein leninstück spielen, das wäre ja selbstmord (gesetzt es erfüllt seinen zweck; allerdings ist brecht in hunderttausenden exemplaren verbreitet, ein unglaublich entmutigender gedanke). die langeweile, die die ddr bei leninstücken ergreift, ist die langeweile über das vergangene. was mich nichts mehr angeht, geht mich leider nichts mehr an.

etwas anderes wäre ein gutes stück über lenin. ein gutes stück über lenin wäre für alle gültig. die botschaft vergrößert sich mit dem können des autors. vorstellbar wäre ein leninstück, nach dem die ddr schlange steht. leider gibt es keins.

der dozent für politische ökonomie am institut sagt zu mir: ich hab' da noch einen lenin von heisig zuhaus, aber wo soll ich den aufhängen, eine kleine zeichnung, sie gefällt mir, aber wenn ich die ins wohnzimmer hänge, da bringt ja keiner mehr einen ton raus. — ich sage: hängen sie ihn doch in die küche, über den frühstückstisch. er sagt: in die küche? ich kann doch lenin nicht in die küche hängen! — eine woche später, bei der nächsten stunde, nimmt mich der dozent bei der seite und sagt verschwörerisch: ich habe den lenin in die küche gehängt.

nach lenin malt der direktor der leipziger kunsthochschule den ehemaligen bundeskanzler der bundesrepublik deutschland. ich werde das niemals verzeihen, keinem der beteiligten, der ddr nicht. es gibt keine begründung dafür, daß irgendjemand in der ddr auch nur eine sekunde überlegt hat, dieses angebot des ehemaligen kanzlers anzunehmen. das bild hängt dann auch in leipzig, ich gehe hin, der kanzler hat etwas leicht tragisches, auf einer studie scheint er zu weinen. es gibt nichts, das mich davon abbringen kann, diese episode in der geschichte der ddr zu verabscheuen.

in ihrem übergroßen drang, den frieden zu erhalten, läßt die ddr auch ein buch veröffentlichen über die zeitung, die dieser ehemalige kanzler herausgibt. in ihm soll nachgewiesen werden, daß die den frieden will. als beweis ist auf dem umschlag eine titelseite mit der schlagzeile den frieden denkbar werden lassen abgebildet, allerdings ist die seite abgeknickt, weil obendrüber noch eine schlagzeile ist, diesmal plump antikommunistisch. wer die friedensfähigkeit des westens beweisen will, der drückt dann schonmal das eine oder andere auge zu. peinlich wirds, wenn plötzlich beide zu sind und wir blind durch die gegend tapern.

oder die vielen marxens und die vielen engelsens, die hier schon von den unmöglichsten personen gemalt wurden, sind abzubuchen unter ikonographie; wo anders werden andere gemalt, hier eben marx und engels? — nun kann diese aufgabe grandios gelöst werden, auf meinem schreibtisch in leipzig befinden sich zwei ganz kleine fritz cremer büsten, die einen dermaßen düsteren marx und einen dermaßen gnatzigen engels darstellen, daß es eine freude ist. und wenn ich abends das licht einschalte, fangen die beiden plötzlich an, verschmitzt zu lächeln.

nachsatz: dann gehe ich zu einem galeriegespräch mit bernhard heisig. heisig entpuppt sich als ungemein kluger und witziger mann. ich frage ihn nach dem schmidtbild. der kernsatz seiner sehr langen verteidigungsrede ist: warum nicht. dieses argument ist natürlich wirklich anziehend. ich verurteile es scharf.

als ich krank werde, träume ich, ich fahre zu dir. ich habe einen schweren koffer, ich schleppe ihn vor deine wohnung, du bist nicht da. ich gehe zu einer anderen wohnung wo du sein mußt, du bist nicht da, ich will zurückfahren, am ubahneingang sehe ich barbara k., die bei uns studiert, sie ist mit anderen zusammen, was macht sie hier, ich suche dich weiter, bin vor deiner tür, in einer wohnung, in der auch barbara k. ist, sie füllt eine liste aus mit ihren fahrten, es ist das normalste der welt, ich merke es als ich sie fragen will. ich fahre zurück, liege in meiner wohnung, krank, und wache auf.

mit dem grundsatzpapier spd-sed ist die hiesige gesellschaftsanalyse endgültig auf die ebene der selbsttherapie gefallen; eine prophezeiung, in der wir uns gerne geirrt hätten. die art und weise des umgangs miteinander! wir kommunisten und wir sozialdemokraten! ich und du, du und ich, es ist ein ringelpietz mit anfassen geworden. den frieden vereinbaren! die welt als verständigungsproblem.

es ist alles eine frage der kultur geworden. keine seite darf der anderen die existenzberechtigung absprechen! absurd. ich soll diesem scheißhaufen da drüben nicht mehr die existenzberechtigung absprechen dürfen? ich spreche aber ab! ich spreche sogar außerordentlich ab! — man soll, steht in dem papier dann noch, den streit nicht auf die beziehungen zwischen staaten übertragen. ja worauf denn? auf die beziehung zwischen bettina wegner und oskar lafontaine? bei dieser beziehung ist allerdings oskar kein kommunist geworden. — der ideologische unterschied! also der unterschied nicht in den welten, sondern in der ideologie, in der wahrnehmung der welt. systeme, heißt es da wörtlich, werden als expansionistisch wahrgenommen, ein problem der augen offenbar; es gibt befürchtungen, ein pures therapieproblem; und es gibt ängste. ängste abbauen! da steht nun wirklich drin, unsere ängste — was sind eigentlich ängste? —, unsere ängste stützen sich auf die analysen von herrn lenin. und dann steht da: wir müssen diese ängste abbauen. — schließen sie bitte an dieser stelle die augen und versuchen sie, hinter den sinn dieser aussage zu kommen. nein, noch nicht aufmachen. länger versuchen. noch länger. geht nicht.

es gibt keinen sinn. obwohl die akademie der gesellschaftswissenschaften, nachdem die eine tochter von otto reinhold in den westen abgehauen ist, offenbar das selbstbild eines nervösen, unsteten, gehemmten, schüchternen, von ängsten und reformbedürftigkeiten geplagten kanzleischreibers hat, ist sie es nicht, trotzdem nicht, nein! du bist die akademie der gesellschaftswissenschaften! wach auf! du bist nicht jemand, der die imperialisten überzeugen kann! die imperialisten lassen sich nämlich nicht überzeugen, und schon ganz und gar nicht davon, sie sollen keine imperialisten mehr sein. es geht nicht. wirklich nicht. lies lenin. ach nein, den wollen wir ja nicht mehr lesen. schade.

zum ersten mal mit leben erfüllt wird dieses papier dann prompt, indem die ddr auf den plumpesten trick reinfällt, den der westen parat hat: wenn du die beliebige meinung einführst, führen wir auch die beliebige meinung ein. und so dürfen wir denn im ddrfernsehen eine stunde lang live den reaktionären direktor der gustav-heinemann-akademie erleben, neben ihm otto reinhold spricht einen einzigen satz, und ich bin nicht sicher, ob otto reinhold weiß, was er da gesagt hat, der satz lautet: die sozialdemokraten stellen sich konstruktiv den erfordernissen der zeit.

dieser satz ist richtig. die sozialdemokraten, wenn sie dann die gegenstunde auf westfernsehen natürlich nicht durchführen, sondern sich ins fäustchen lachen über die naivität von heinz adamek, so haben sie doch eines erkannt: stärke ist von alleine stark und braucht keine rechtfertigung. — der ganze quatsch mit freiheit und so war nur lametta. wir setzen uns jetzt an einen tisch und reden tacheles. die konterrevolution, wo die revolution nicht siegen kann, ist unnötig geworden.

otto reinholds schlußfolgerung aus diesem umstand ist dann allerdings so grotesk wie weniges: da die revolution nicht exportiert werden kann, beteuert er allen ernstes, kann auch die konterrevolution nicht exportiert werden. an dieser stelle tritt der geist von salvador allende auf, übrigens ein sozialdemokrat, schmäht otto r. mit worten, die selbst für meinen stil zu dicke sind, und professor samt akademie werden von der erde verschluckt. hams.

kurt hager hat dann mal wieder versucht, das zu retten, was noch zu retten ist. in einem ndartikel, für den er immerhin zwei monate gebraucht hat, mischt er den wortlaut des grundsatzpapiers mit vielen vielen einschränkungen und zurücknahmen. aber dann gehen doch die citroens mit ihm durch. von der friedensbewegung spricht er wörklich und wahrhaftig als von dem: weltgewissen! nun sind alle guten menschen hegelianer, aber ob das weltgewissen ausreichen wird, die barbarei den schritt vom cocktailtrinken zum zyankalischlucken tun zu lassen: ich bezweifle es. ich bezweifle es hiermit wirklich.

nach ein paar tagen träume ich von a. r., er fährt weg ich fahre weg, er sagt willst du mitkommen, ich frage kann ich mitkommen, ja. ich besuche ihn, es ist weit, es ist im westen plötzlich, ich fahre auch in den westen, ich finde ihn in einem kleinen ort an deichen, der helle dolle wind, die haare von uns in unsern gesichtern. ich sage: warum bist du hier, er sagt: ich wohne hier, ich bin immer hier, ich gehöre hierher. du bist aus dem westen, sage ich. ja, sagt er wegwerfend beschämt wie ich, ich sage: die partei. ja, sagt er, die partei, schon gequält, ich will ihn nicht quälen, ich will alles wissen, ich sehe den deich der hier ist, es kann ja nur die partei sein, ich sage: warum hast du denn nichts gesagt. aber ich weiß, warum er nichts gesagt hat, ich kenne das verschwindenwollen, ich kenne die träume der andern, ich will sie schütteln für sie wie er, ich will sie alles wissen lassen und sage deshalb nichts, auch zu a. r. nicht, der von hier ist, wie dieser traum.

auch mich befällt von zeit zu zeit der symmetriegedanke. der symmetriegedanke sagt: wenn angela davis an einer amerikanischen universität arbeitet, könnte helmut kohl chefredakteur des nd werden? die antwort ist nein. — die frage ist nicht lächerlicher als der rest hier. der späte kapitalismus hält sogar filme aus über leute, die für den sozialismus spionieren, und manche, natürlich wirklich sehr wenige, aber manche sind nicht schlecht. ich wüßte nicht, was es über guy burgess anderes zu sagen gäbe als der film another country tut. es ist ein britischer film.

auch dieses, wie alles, ist eine frage der ökonomie. — alexander lang sitzt vor einer probe in fröhlicher runde und amüsiert sich über die ddrdissidenten im westfernsehen. wissen sie, sagt er zu mir, ich kenne die doch alle. ich kann da bloß lachen. — ein paar jahre später erscheint ein artikel von ihm in der zeitschrift sinn und form, in dem redet er von geschichtsbewußtsein, von der untrennbarkeit von frieden und sozialismus, vom sozialistischen lebensgefühl, vom optimismus, der aus der historischen erfahrung der arbeiterklasse abgeleitet ist. und in derselben woche, da ich diesen artikel lese, spricht alexander lang in der zeitung der spiegel den satz: man hätte mir doch nur ein theater zu geben brauchen. — das ist ein unglaublich dummer satz. ich bin sofort dafür, daß alexander lang das leipziger theater übernimmt; nichts besseres könnte beiden passieren. aber muß ich deshalb wie ein dreijähriges mit dem fuß stampfen und gnatzen? — und liegt nicht auf der hand, daß kunst auch eine frage der bezahlung ist? würden, wäre die ddr das reichere land, die brdkünstler nicht in scharen hier arbeiten wollen?

einmal treffe ich alexander lang auf der straße, ich bleibe kurz stehen er bleibt kurz stehen, ich sage ich gehe nach leipzig, er sagt ich gehe nach münchen, ich sage: inszenieren sie drüben anders?, und alexander lang lacht. er lacht auf diese frage. ich bin ganz verunsichert, viel später frage ich peter hacks, ob ich vielleicht naiv bin, hacks sagt: nein, wieso? sie waren es, der recht hatte.

wenn in einem text das wort minister vorkommt, denken wir an unsere eigenen minister; egal woher der text kommt. deshalb sind manche texte an manchen orten falsch.

der november 1976 ist der moment, an dem die intellektuellen der ddr begriffen, daß der westen zu sozialdemokratie fähig ist. wenn im westfernsehen vier stunden lang wolf biermann singt, dann muß ich auf der stelle da auch hin. tschüß ihr alle! auf wiedersehen drüben.

der westen ist wohngemeinschaften, pizzaessen und das wort beziehung statt liebe. der westen ist produktivität, imperialismus und enttabuisierung. das nimmt mich vollkommen für ihn ein.

kaum ist das gegeifere der 60er jahre verklungen, kaum ist die faz etwas klüger geworden, kaum legt sich willy brandt seinen berühmten grüblerblick zu, da strömen auch schon scharenweise die ddrkünstler in die freiheit. sozialdemokratie! wenn der kapitalismus nett zu mir ist, bin ich auch nett zu ihm lächel freu.

wirklich intressant ist ja zum beispiel, daß die kapitalistischen staaten es sind, die damit beginnen, frauen die leitung von regierungen zu übertragen. das späte bürgertum wirft alles über bord, auch das, von dem die gesamte welt annahm, es sei vollkommen unentbehrlich für es. die ratten verlassen das sinkende schiff, tabus voraus.

nur die kommunistischen zeitungen drüben werden noch ein bißchen roter als sonst, wenn sie neckisch was halbnacktes abdrucken. zum glück liest sie keiner. und die amerikanische frauenzeitung ms wird unterdessen vom cia bezahlt.

die fernsehdiskussionen des westens glauben, die fernsehdiskussionen des westens bewirken was; bestürzenderweise glaubt auch die ddr, fernsehdiskussionen bewirken was, wenn auch das falsche: der irrtum. fernsehdiskussionen bewirken immer nur neue fernsehdiskussionen, das ist der ganze trick.

in der tassmitteilung über einen brandtbesuch bei gorbatschow ist von einer entideologisierung der beziehungen die rede. ich hoffe, tass irrt hier.

wie gerne erinnern wir uns der zeit, da wir an der wand noch reinhard mey zu hängen hatten und immer die ddrzeitungen lasen, in denen er, zurecht, das wußten wir ja, ideologisch kritisiert wurde: und heute muß ich mir, ihm mühsam entwachsen, dieses genöle auf sender leipzig anhören! ist das wirklich die freiheit der kunst oder wieder bloß die ratlosigkeit?

und argumentiert werden muß dann auch noch! seit die ddr karl may druckt, hat sich dieser autor offenbar im grab vom erzreaktionär zum verfechter des, immerhin, bürgerlichen fortschritts gewandelt. der friedenswille von karl may! ich weiß noch, wie hartmut schulze auf meinem bett saß und darüber spottete. mich ärgerte das damals so, daß ich gleich teresa stratas mit ihren genialen weillliedern hören mußte superlaut, woraufhin meine mitbewohnerin elke mahnend gegen meine tür bollerte — und alles wegen der indianer.

selbst in der nachbemerkung zur überhaupt ersten vollständigen ausgabe der essays von thomas mann — sie wird in der ddr erarbeitet —, selbst hier muß noch nach entschuldigungen gesucht werden: anläßlich der betrachtungen eines unpolitischen klingt die mitteilung, 1914 habe ja die mehrheit der deutschen schriftsteller den krieg begrüßt, plötzlich merkwürdig zustimmend, als müsse der herausgeber thomas mann hier verteidigen; ein allerdings aussichtsloses unterfangen.

in einem ddrbuch von hans magnus enzensberger steht ein satz, der auf eine weise antikommunistisch ist, daß man wirklich lachen muß. mit einer mischung aus entsetzen und unglauben lese ich diesen satz immer wieder: steht der da wirklich? hat die ddr diesen satz gedruckt? sie hat.

es ist albern, westbücher von sich fernhalten zu wollen. die welt läßt sich nicht verhindern, die ökonomie setzt sich durch, massenerscheinungen sind massenerscheinungen. — wenn ich im impressum eines westbuches lese, daß es schon zwanzig jahre alt ist, bin ich leicht enttäuscht. der westler ist ganz auf das neue orientiert, das höchste ist ein buch, das es seit drei tagen gibt, ein buch über etwas, das vor drei tagen passierte. das verschlingen von neuigkeiten ist ein warten, und weil warten unerträglich ist, muß die wartezeit immer weiter verkürzt werden, aktualität als erträglichmachen von welt.

eine der fünf schwulen erzählungen der welt, moise und die welt der vernunft von tenessee williams, sie erscheint im westen als lizenz von aufbau.

die forderung: alles drucken, das ist die forderung nach hoher produktivität. herzlichen glückwunsch! das verlangen nach reichtum. aber eine produktivität, die sämtliche dummheiten aushält, hat bisher nur der imperialismus.

ach, die konvergenztheorie feiert in dem guten alten bereich der erscheinung einen triumph nach dem andern. — sagen wir, die schwulenfrage. die aneinanderreihung ist ganz die alte: erst das tabu, dann das umschleichen des tabus, dann die beginnende aufweichung, dann die beteuerung der nichtexistenz des tabus, dann die beginnende aufweichung der beteuerung, dann daß die klemmtrinen die ersten sind, die die öffentlichkeit betreten, dann die toleranz, dann die abgrenzung gegen das objekt der toleranz, dann das feiern der toleranz, dann das aussprechen des vergangenen tabus, dann das aussprechen der toleranz, dann das aussprechen aussprechen aussprechen: es ist so ungemein bekannt. immer stolpert die ddr dem westen hinterher, und dazu das bewußtsein von erneuerung: tugüte. — volker gransow hat die konvergenztheorie nun ein für alle mal erledigt, aber da beginnt man doch sekundenweise zu zweifeln, ob christa wolf mit ihrer schwachsinnsthese von den industriegesellschaften so unrecht hat.

die ähnlichkeit der personen hat auch etwas beruhigendes, ich erkenne wieder, ich erkenne die jungs in der ubahn, die immer bloß brüllen beim sichvergnügen, ich erkenne die haltung der leute am sonntag, leute ausm knast sehen aus wie leute ausm knast, und wie wunderbar, als ich vor einer heterodiskothek den ersten geschminkten jungen erblicke, ein beweis von heimat, eine beruhigung.

im januar 88 kommt in die ddrkinos eine weihnachtskomödie der defa von 87, leider sind sie nicht rechtzeitig fertig geworden. aber schon zum fest zehn monate später gibt es sage und schreibe dreiundzwanzig verschiedene weihnachtsplatten zu kaufen, dreiundzwanzig verschiedene.

wir kennen aber auch die geschichte von dem mikrowellenherd, der eines schönen tages in der ddr erfunden wurde, ein schnitzel gar in zwei minuten. der mikrowellenherd überforderte allerdings die beweglichkeit der sozialistischen produktionsverhältnisse. und so wurde das patent feierlich in die bundesrepublik deutschland getragen, dortselbst wurden als gegengabe ebenso feierlich zuerst ein apfel und dann ein ei überreicht, und heute führen wir die dinger wieder ein, einzeln und frei wie ein baum. — wenn wir uns selber idioten nennen, das ist ja dann zärtlich gemeint.

ich bringe rosa d. aus dem seminar einen radiorecorder mit, weil der drüben so billig ist, und gebe ihr den kassenbon, als beweis, daß ich das ding nicht selber gebastelt habe sondern wirklich von ihrem geld gekauft. auf dem kassenbon stehen datum und uhrzeit des kaufs und dazu gleich noch ein herzliches dankeschön, vielen dank für ihren einkauf, irgendsolche scheiße. rosa hält den bon in ihrer hand und liest den satz, als sei er von marsmenschen geschrieben. und ich bin wieder mal schuld, daß der westen so gut funktioniert.

die amerikanischen plattenfirmen machen mit 97 prozent ihrer produktion minus. die 3 prozent bringen die superprofite. das nennt man monopolisierung.

bevor der unterricht wieder losgeht, schlafe ich schlecht. ich friere und will mich zudecken, ich wache auf und schwitze. ein sänger hat ein haus gemietet, bestimmt ist auch andrea da und die frau von neulich, wir sollen feiern und singen, zusammen, das haus kostet geld, der sänger hat es, er singt dieses merkwürdige lied mit herrn holle, es ist alles richtig, hier. der sänger schließt mir auf, als ich gehen will. ich schaffe es nicht, mich umzudrehen.

das sozialistische ist der schmerz. — die kultur wird auf der ganzen welt amerikanisch; in der ddr merkens die leute noch dabei. wie oft allein die buchstaben ddr im gespräch vorkommen, zeugt von gegenwehr: im westen ist das kürzel brd ja absolut ungebräuchlich, und das kulturelle bombardement der amis auf uns wird zugelassen ohne gedanken daran. — in der braunkohle sagten sie: früher sind wir auch noch in die thälmannfilme gegangen alle zusammen.

die ddr wird jetzt verkabelt. demnächst können auch die leute in suhl rtl plus sehen.

die arbeitsproduktivität der ddr zu der der brd verhält sich, zahlen nach horizont 9/87, wie 70 zu 100, die der udssr zu der der usa wie 55 zu 100, in der landwirtschaft wie 20 zu 100. das verhältnis der materiellen produktion zum dienstleistungsgewerbe ist in den usa 30 zu 70, in der ddr 70 zu 30.

angenommen, in schweden gibt es in den zellen der gefängnisse wirklich richtige klos und nicht bloß eimer. ist damit die revolution überflüssig geworden?

4

ich trete an einen tisch mit sieben personen, die sich an berühmtheit übertreffen, an der stirnseite drei männer, die alle mit den augen zucken, ich werde vorgestellt, ein gespräch beginnt mühsam, und nach anderthalb minuten spricht eine frau den satz, auf den ich immer schon warte, ein schnelligkeitsrekord, sie sagt: das können sie nicht beurteilen. nach anderthalb minuten.

berichte über mißstände werden von den ddrleuten regelmäßig mit chören über die mißstände hier beantwortet. ausländer, die die ddr loben, gelten als, mindestens, blind; in dem adjektiv steckt der verdacht auf vorsätzlichkeit.

die unduldsamkeit. ich habe einen horror, sage ich, vor der wohnungssuche wenn ich zurück bin. ach, sagt jungdichterin grit p., ich krieg hier auch keine wohnung. mein leid ist größer als dein leid. das nichtausredenlassen. das schnellersein mit dem leiden. die besessenheit. der wettbewerb.

ich konstruiere zu den dingen eine not, wenn ich von drüben erzähle. ich versuche, den kapitalismus an seiner reformbedürftigkeit anschaulich zu machen, also an dem punkt, an dem er gerade allen zuständen der welt ähnelt. ich spiele den luxus herunter, den ein fotokopiergerät bedeutet, ich leugne standhaft meine beteiligung an den vorzügen.

ich komme mir immer so kleinlich vor, wenn ich sage, daß zweidreißig für einen fahrschein viel geld ist. zweidreißig, das klingt ja nach nichts. zweidreißig, demnächst übrigens zweisiebzig, das bedeutet, daß ich an einem wochenende zuhaus einen zwanziger für ubahn ausgebe. natürlich gebe ich ihn nicht aus, sondern fahre schwarz, ein wiederum ungläubiges und erleichtertes lachen erwidert diese information. denn natürlich wissen sie auch nicht, was schwarzfahren ist. daß ich nach dreimal erwischtwerden in untersuchungshaft komme, sofern ich kein geld habe, daß da leute schon ausgewiesen wurden deshalb, aus diesem reichen land, kleine unschuldige polen, die nichts verstanden, jetzt fahren sie in paris schwarz, ein aufstieg.

es kann mir ja scheißegal sein, ob die leute hier kapieren, was schwarzfahren ist. es ist mir aber nicht egal.

als ich in westberlin wohnte, hatte ich, mit einem jahr unterbrechung, immer telefon. in der hauptstadt der ddr brauchte man nur in eine zelle zu gehen und meine nummer zu wählen. es rief nie einer an. ich war es, der kommen mußte. ich gehörte nicht zur welt.

die ddr hat einen geruch, es ist ein ganz bestimmter geruch, es gibt ihn nur hier. manchmal, sehr selten, liegt irgendwo eine ahnung von ihm in westberlin, und wir eingeweihten riechen ihn gleich und sehen uns an und lächeln und sagen: die ddr. — und natürlich kennen die bewohner der ddr auch den einen, ganz bestimmten geruch des westens. ein schönes buch, sagt ulrich, und gibt es mir zurück. es riecht nach intershop.

wenn die leute aus dem westen mit den leuten aus der ddr in kontakt treten, wollen die ddrleute immer, daß man ihnen ersatzteile mitbringt. das ansinnen! sie haben noch nicht gemerkt, daß man im westen alles wegwirft. was vor jahren gekauft wurde, gibt es nicht mehr. was verbraucht ist, ist weg, einfach weg. dies armband für die uhr ist unbekannt. es ist zu lange her. was zu lange her ist, ist plunder. die ddr prodziert keinen plunder. sie ist unverständlich.

das andere ist immer auch alles andere. fragen abstrusesten inhalts wollen beantwortet werden, bücher referiert, namen gekannt. weißt du, wieviel das kostet? meistens denke ich mir die preise aus, lüge sachverhalte zusammen, widerspreche mir von einem tag auf den andern. auch behaupte ich, filme im fernsehen gesehen zu haben, die es leider nur im kino gab; beglückt schwärme ich von ihnen, wenn es sie dann doch in der ddr auch gibt, damit nur umso deutlicher signalisierend, daß ich sie schon seit jahren hinter mir habe. — wie heißt der letzte film von woody allen? was hat heiner müller im westen veröffentlicht? weshalb machst du keinen urlaub in sri lanka? und natürlich: willst du hierbleiben?

manchmal denke ich, mein parteisekretär will mich testen. im buchladen liegt eine neuauflage reclammajakowski, ich kucke hinein, mein parteisekretär sagt: kennst du nicht? — jeder, der einen ddrbuchladen mehr als einmal betreten hat, weiß, daß neuauflagen von büchern hier oft erweitert erscheinen. ich glaube, mein parteisekretär will einfach wissen, ob ich es weiß. ich weiß es.

wenn ich neger wäre, wäre alles einfach. wenigstens italiener, wenigstens einen österreichischen akzent! das fremde halten sie grade noch aus.

man möchte doch, sagt der jungdichter wolfram k., wissen, ob es auf der welt noch etwas anderes gibt. etwas anderes, das ich nicht sehen kann. etwas anderes, das bestimmt grauenhaft ist, ich glaube es ja, aber es ist auch anders. — es gibt keine alternative, nach der auch nur den kopf zu wenden sich lohnen würde: dieser unerwartete, so wunderbare satz von christa wolf, er ist bei jungdichter holger j. verkommen zu einem abfälligen pessimismus. es gibt nirgends etwas besseres, sagt er einmal; es klingt wie: so tief wie ich sitzt keiner im dreck.

als besonders perfide gilt, daß ich noch nie in rom war. du warst noch nie in rom? aber weshalb nicht? das ist doch eine unverschämtheit! wenn du schon nach rom reisen kannst, dann mußt du es unbedingt auch tun! nun fahre! nun los!

ich bin ja ein schlechter lügner, aber einmal angefangen, stehe ich die behauptungen trotz ihrer unglaubwürdigkeit durch.
— bistn bundi.

— nee.
— na, ihr habt ganz andere maßstäbe.
— weiß ich nich.
— 65 sieben jahre zett, republik.
— und jetzt?
— nischt mehr. dreißig jahre hab ich mich verscheißern lassen (hält seine hände hoch). am ersten neunten dreißig jahre. ich quatsch dich voll. ja ja schon gut. ganz andere maßstäbe.

1987 sind 5,2 millionen brdbürger in die ddr gereist. in die brd reisten 5,2 millionen ddrbürger, davon die hälfte unter sechzig jahren. die brd hat viermal mehr einwohner als die ddr. es sind also viermal so viele leute aus der ddr zu besuch gekommen als umgekehrt.

ein satz, den man oft hört, als selbstberuhigung: das ist drüben auch nicht anders. der satz ist freundlich gemeint, nachgiebig. der satz ist falsch.

auch entwickle ich die kunst, wahrheiten so auszusprechen, daß sie niemand glaubt. als ich einmal sage, ich bin aus berlin, erfolgt die ironische nachfrage: ost oder west?, ich sage: west, und der mann legt den kopf zurück und lacht. — schließlich nutze ich das aus, auf die frage, ob ich russisch spreche, sage ich: kein wort; und es wird genommen als beschreibung des zustandes hier.

sie sind allergisch gegen spott. — einmal sagt ulrich berkes zu mir, als wir über irgendetwas reden: das solltest du nicht kritisieren. das müssen wir kritisieren.

sie sind empfindlich gegen überhebung, sie lassen auf ihr land nichts kommen. ich habe niemals, kein einziges mal erlebt, daß jemand haß vermittelte. bitterkeit ja, wut, verzweiflung über dummheit. auch freuen sie sich, wenn man dinge ausspricht, die sie selber schon nicht mehr sagen, absurditäten, widersinn. sie wollen, daß es weitergeht.

es gibt einen traum, den man abfragen kann, jeder ddrbürger hat ihn schon geträumt, es gibt ihn ein dutzendmal in der literatur, der film solo sunny endet mit ihm, gedichte, erzählungen. der traum lautet: ich hatte einen traum, und in diesem traum war ich im westen. ich dachte, geht es also doch, ich bin wirklich im westen. jetzt muß ich aber zurück. ich will zurück, was ist hier, was ist der westen. ich hatte mir lange gewünscht, im westen zu sein, nicht für immer, einmal nur, und ich war dort und dachte, jetzt muß ich aber zurück. und dann wußte ich den weg nicht, ich suchte den weg zurück, ich konnte mich nicht erinnern, wie ich hierher gekommen war, ich suchte den weg und dachte, ich schaffe es nicht mehr, jetzt muß ich aber zurück.

einer der schrecklichsten momente meiner kindheit war ein satz des mannes meiner tante ulla. wir feierten das übliche weihnachten, und irgendwann sagte die tochter meiner tante ulla plötzlich: ich will auch mal nach italien. worauf in die stille meine mutter sprach: dafür hast du aber eine lehrstelle. diese erwiderung erzeugte nun ihrerseits eine stille, die noch viel größer war, allerdings nach einer sehr langen sekunde ins unermeßliche gesteigert von diesem satz des mannes meiner tante ulla, der satz lautete: hör auf.

5

als wir die ddr wieder betreten durften, ging ich mit gabi in die disko. wir hatten schule gespielt, ich war der schüler sie die lehrerin, sie ging schon in die dritte klasse, sie flüsterte mir das ergebnis der aufgaben vor, ich sagte das ergebnis, das war schule. sie wohnte immer noch dort, jetzt waren wir zwölf und fünfzehn oder vierzehn und siebzehn, in der disko spielten sie nutbush city limits von tina turner, das ist ein titel, bei dem es die arme zu werfen gilt, die augen zu verdrehen, den mund zu öffnen, den leib zu schütteln. die ddrjugendlichen aber standen alle voreinander, fast alles mädchen, und bildeten in dieser riesengroßen disko zwei lange lange reihen von einander antanzenden, gelangweilt schauenden teenies, auf der stelle stehen und ganz ganz leicht wippen; ein anderer stil. — mein ungeheurer anpassungswille ließ mich schon damals die geschehnisse theoretisch zu durchleuchten versuchen, aber gabi sagte bloß: wir sind eben normal.

wenn der sozialismus nicht stark genug ist, den imperialismus zu besiegen, muß er verträge mit ihm machen. — im nd wird das so genannt: weil die kapitalisten uns nicht klein kriegen, machen sie jetzt sogar verträge mit uns! na glückwunsch. — durch einsicht zum frieden, bloß wer sieht was ein? wenn unsere taschenrechner schon so mickrig aussehen, vielleicht kriegen wir per handel ein paar schnittigere rein. eine position der schwäche.

und natürlich sind die schnittigen taschenrechner ein abfallprodukt der ebenso schnittigen bombenwerfer. mich lassen amerikaner eher kalt, und mit wörtern wie kriegshetze bin ich vorsichtig. aber was der film top gun an beauties bietet, und wie er sie in die flugzeuge steigen läßt und die russen abknallen, also das nimmt mir den atem. ich bin sofort dafür, in einer richtigen welt diesen film in den schulklassen zu zeigen. vielleicht wäre diese wirklichkeit fähig, die schnittigen taschenrechner zu erledigen. vielleicht.

wenn ich irene herumführe, bin ich stolz darauf. nicht stolz, daß das hier so ist, es ist ja schrecklich, aber stolz, daß ich es zeigen kann. eine einigkeit über den umstand, auf einmal mit ihr durch den westen zu gehen. — ich zeige weit auf die auslagen, das bunte, das teure, das widerwärtige. lachend erobern wir die verdummenden kinos. das größte der großen vergnügungen ist, das unwissende wissend zu genießen. — ich freue mich über das , worunter ich leide, weil ich es ihr zeigen kann.

ich habe mich mein leben lang gefragt, wie ich es schaffen könnte, meinen namen im nd gedruckt zu sehen. ein paar wege habe ich schon raus: angela hoffman zum beispiel. angela hoffman, jung blond und lustig, beweist auf dem westdeutschen schriftstellerkongreß, der wider das völkerrecht auf dem territorium von westberlin stattfindet, wenig genug ekel, eine naive, nette, richtige rede zu halten. zack ist sie im vorstand, wupp in der ddr zu besuch, am nächsten tag im nd ihr name gedruckt. die frau ist längst wieder in den strudeln der geschichte entstrudelt, aber ihr name stand einmal im nd! oder remig stumpf. remig stumpf, jung dunkel und superattraktiv, ist radfahrer aus nürnberg; das nd druckt ein ganzes kleines interview mit ihm, wie gerne er auf der friedensfahrt fährt. und auch nana mouskouri schreibt mit der eigenen hand einen gruß an die leser des nd, das nd druckt es als autograph. so wichtig ist das! und den wichtigsten vergessen sie.

ich halte meine referate im institut nach zetteln, auf denen keine ganzen sätze stehen, ich betrete das vorzimmer des direktors gleich nach dem anklopfen, ich bin frech: und tatsächlich ist der verdacht nicht von der hand zu weisen, daß ich es bin, weil der westen leuchtet. die zensur des westens ist, alles sagen zu dürfen.

merkwürdig und geradezu erschütternd, als mich die stellvertretende direktorin des instituts nach lektüre einer meiner aufsätze fragt, wer denn das wir in diesem aufsatz sei, die junge generation? — ich hatte die kommunisten gemeint. es war ein politischer aufsatz gewesen.

diese frau fragt mich bei einem kaffee nach meinem eindruck von der parteiversammlung des instituts. ich habe, sagt sie, plötzlich die parteigruppe mit ihren augen gesehen. es war kläglich, nicht. ein widerwille regt sich in mir gegen diese einschätzung. ich kann diese einschätzung nicht vollkommen falsch finden. aber aus irgendeinem grund widerspreche ich ihr.

kurz vor beginn einer dieser parteiversammlungen dreht sich der ästhetikdozent nach der bibliothekarin um im gespräch, ruft sie, lacht und sagt: sagmal, würdest du in westberlin in die sew gehen?

michail gorbatschow erzählt neuerdings, wohnungen sollten doch auch gekauft werden können, das gute geld das hart erarbeitete nicht wahr, und da ist es doch nur richtig, wenn man damit auch was kaufen kann, zb wohnungen. — bei michail bulgakow gibt es eine szene, der teufel macht ein fest, und alle möglichen leute sind da eingeladen, und dann wird von einem mann erzählt, der im schönsten moskau erst seine einzimmerwohnung in eine anderthalbzimmerwohnung tauschte, dann die in zwei kleinere, diese beiden in zwei größere, die beiden in eine sehr große undsoweiter; und dieser mann nun also ist eben auch auf diesem fest. — bulgakow also wußte, was den leuten passiert, die den sozialismus verlassen wollen. sie werden vom teufel geholt.

die kinder beurteilen gesellschaften nach ihrer form: was darf ich und was darf ich nicht. nach dieser logik hatte stalin unrecht, weil er grausam war. die umkehrung des gedankengangs lautet, willy brandt, weil er nicht grausam war, hatte also recht.

wenn depeche mode in der westberliner deutschlandhalle (die westberliner deutschlandhalle! ist dieser name nicht allererste sahne?), wenn die da also auftreten, dann springt für die veranstalter eine stange geld raus, die die besucher bezahlen; daß die besucher bezahlen, ist ja der grund für das konzert. die ddrbesucher des ddrkonzerts aber können depeche mode gar nicht bezahlen. depeche mode werden in westgeld bezahlt. der gewinner ist bloß wieder der westen.

ein naturwissenschaftler sagt: die bereitstellung von devisenmitteln an der universität ist in einem maße ineffektiv, das ist außenstehenden gar nicht klar zu machen. es ist uns selber nicht klar.

ein ddrbetrieb schließt einen vertrag mit einer westfirma, weil die einen kommunistischen betriebsrat hat. leider geht die firma dann pleite.

die ddr produziert, weil sie neu sind, quarzuhren mit digitalanzeige, die eroberung des weltmarkts. als sie sie fertig hat, kosten die dinger im westen noch zehn dm. ein verlust.

vielleicht ist das konzept des fünfjahrplans beim momentanen tempo der produktivkraftentwicklung wirklich verfehlt? falls das so ist, ist es so, weil wir dem westen hinterherhinken.

wenn er die weltlage beschreibt, bekommt michail gorbatschow so einen merkwürdig apellativen ton, als sei bei den kapitalisten eine vernunft. bei den kapitalisten ist aber nur der kapitalismus. — horst schmitt in seiner rede auf dem treffen zum 70. jahrestag der oktoberrevolution beschwört die breiteste koalition. der gute willen! er scheint den objektiven intressen gewichen.

längst ist die zeit vorbei, da das nd gerade die reaktionären sätze der westpolitiker zitiert; inzwischen liest man dort nur noch die kläglichen westversuche zu harmlosigkeit. ich bins, sagte der wolf: euer liebes wölferl. die imperialisten, wenn sie einmal kreide fressen, gleich reichen wir ihnen die hand und schütteln an ihr. daß sie immer noch imperialisten sind, wissen wir ja sowieso!

die ddrnachrichten, in ihrer grenzenlosen sucht nach bündnispartnern fördern sie die unglaublichsten illusionen über den fortschrittswillen der aufgeklärten bougeoisie. die ddr wählt spd.

0,7 prozent abbleibquote, damit kann die ddr leben. bei denen, die besuchsweise in den westen fahren, gibt es 0,7 prozent abbleibquote (das wort ist nicht von mir). devisen kann die ddr für diese reisen nicht mehr als bisher zur verfügung stellen. sie braucht sie, um die kredite aus den siebziger jahren zu entschulden.

ein friedensforscher sagt: der kapitalismus ist stark? na prima, da macht er keinen krieg.

am 9. november 1988 stehen sämtliche ddrmedien kopf. fünfzig jahre elefant im porzellanladen! fünfzig jahre faschistisches pogrom. rund um die uhr grabesstimmen an den mikrofonen, rund um die uhr jüdische lieder, rund um die uhr ein leid und gedenken. grade, daß erich honecker nicht übertritt! — der gedankengang ist: nachdem wir den faschismus bisher für erklärbar hielten und damit kein gutes image kriegten, ziehen wir jetzt mit den unerklärbaren teilen des faschismus nach. leider wissen wir auch nicht, warum hitler am ende vollends durchgeknallt ist. schade! dafür sind wir aber ganz auf eurer seite.

die sympathische vermischung von subjektiver intention und objektiver funktion fand früher im nd folgendermaßen statt: was du sagst, nützt dem feind? also bist du ein feind. ein buch wird im westen verlegt? also gehörst du in den westen. ein satz, der gesagt wird, wird auch von den bürgern gesagt? also bist du ein bürger. — heute geschieht derselbe irrtum, nur umgekehrt: du sagst, du bist für den frieden? ich bin auch für den frieden. du sagst, was auch ich sage? also bist du einer von uns. herzlich willkommen als mitglied der menschheit!

im ddrradio hält der theaterwissenschaftler henning müller ein referat über friedrich wolf, und er spricht von friedrich wolf — mancher kelch ist ja nun am westen vorbeigegangen, und ich bin nicht sicher, ob er ihn nun mit macht ausleeren muß im nachhinein, na jedenfalls —, von dem kommunistischen dramatiker friedrich wolf also spricht der kommunistische theaterwissenschaftler henning müller als von dem humanisten friedrich wolf. humanisten! was verspricht sich henning müller davon, im ddrradio einen kommunisten verschämt als humanisten einzuführen? was möchte henning müller von der welt? ich finde es nicht heraus. ich weiß nur: die nichtkommunisten stehen mal wieder drumrum und lachen sich einen ast.

auf dt 64 wird ein konzernchef zitiert, der demnächst seine stahlwerke schließen wird und der dazu sagt: unser höchstes ziel ist eben profit. — das nennt der kommentator in seinem kommentar dann zynisch. zynisch? er sollte mal bei lenin nachlesen. lenin stimmt dem konzernchef zu. lenin ist nie moralisch. bei lenin sind die dinge nicht einfach. bei lenin besteht die welt aus widersprüchen.

im ddrrundfunk gibt die vvn vor dem thälmannmörderprozeß bekannt: wir erwarten einen fairen prozeß! ja wo leben die denn?, fragt sich der aufgeklärte ddrhörer und dreht weiter.

am albernsten das ständige herbeten der obdachlosenzahlen. wenn es obdachlose gibt, heißt das, es gibt außerdem noch leute, die ein obdach haben. und wenn es uns ständig um die leute ohne obdach geht, dann sind die mit obdach also alle zufrieden? revolution als sozialtherapie. leider geht es manchen leuten nicht ganz so gut, wie es ihnen vielleicht gehen könnte. ansonsten ist aber alles in butter.

im nd das bild einer obdachlosen negerin, die einen der begehrten plätze im asyl für die nacht gefunden hat, auf ihr drauf ein glitzernder glitzerpullover. — weshalb trägt diese frau einen glitzerpullover? ich denke, sie ist obdachlos. eine art von gehässiger genugtuung erfaßt den ddrleser. soll sie sich doch nicht beschweren. immerhin sitzt sie im westen im asyl. das ist eben der preis.

triumphierend werden die drogentoten vorgezählt, dabei gibt es sie doch seit jahren, der skandal ist längst keiner mehr, auch hier nicht, das gruselige ist doch grade die normalität, das ende der welt.

als ich wieder einmal auf mein visum warte, und warten geht nun sowieso einher mit niederwerfenden empfindungen, da sitze ich also an einem nicht so kühlen tag mit einem fotografen, der immer nervös wird, wenn nicht von seinem beruf die rede ist, auf der straße in einem café, gerd baltus sitzt auch da, eine figur aus meiner kindheit, und am tisch daneben ein wunderschöner jüngling in sehr teuren anziehsachen. dieser jüngling hält in seiner hand eine lp mit musik von erik satie, eingespielt von ulrich gumpert. ich kenne die platte nicht, bitte ihn um sie, sehe sie mir an. sie ist nicht in der ddr erschienen, eine französische edition. ich gebe dem jüngling die platte zurück, der fotograf hat es geschafft, ein paar sätze mit ihm zu wechseln, und ich höre, wie der fotograf sagt: eine weltreise müßte man machen. ja, sagt der jüngling: ein zeitproblem.

verstehen sie, wovon ich rede?

anfang der siebziger jahre führten die maoisten in die diskussion über die welt den begriff der supermächte ein. sie ernteten damals für dieses wort von allen beteiligen hohn und spott, die kommunisten winkten gleich ab, und die kapitalisten riefen laut: aber der osten will uns überrollen! — heute hat sich dieser begriff bei der bourgeoisie durchgesetzt. wenn das wort supermächte bei den maoisten noch meinte, es ist völlig egal was einer will, er ist schon deshalb böse, weil er groß ist und stark, so meint es bei den bürgern heute, es ist völlig egal was einer will, er ist schon deshalb gut, weil er groß ist und stark. der vorsitzende des kuratoriums der dr. alfried krupp von bohlen und halbach stiftung benutzt das wort supermächte, als sei es seine eigene erfindung. entideologisierung ist, wenn unser tun vollends jeder begründung entkleidet bleibt.

meine ohren wollen abfallen, wenn eduard schewardnadse den satz spricht: der kampf zweier entgegengesetzter systeme ist keine bestimmende tendenz der gegenwärtigen epoche mehr.

die hoffnung ist immer: wenn wir nur auch im fernsehen unsere oberhäupter beschimpfen dürfen, dann findet der westen uns auch prima. — das ist natürlich ein unsinn. die imperialisten werden immer finden, daß der imperialismus lustiger ist als dieser blöde sozialismus, da können wir uns auf den kopf stellen.

schon jetzt kann ich meinen freunden jedes buch mitbringen, schon jetzt haben die ddrorgane aufgeben, die titel der plattenhüllen nur zu lesen. schon jetzt kann man im französischen kulturzentrum in berlin ddr jede sorte von zeitung lesen, mode film und reaktionäres. aber bringt jemand die energie auf, für die auflösung der zensur französisch zu lernen?

der leser hat es längst gemerkt: auch dieser text trägt bei zu immer mehr sozialdemokratie in den herrschaftsformen. günter de bruyn und christoph hein werden das natürlich schaffen mit der abschaffung der zensur über kurz oder lang, und dann werden wir hier keine zensur mehr haben und dann?

das ganze ist einfach ein irrtum in der analyse. die brd ist nicht reich, die brd ist arm. daß im lehrbuch politische ökonomie das wort verelendung nicht mehr vorkommt, ist nicht nur mutlos und klein, es ist falsch. es gibt verelendung an jeder ecke. wenn ich natürlich glaube, daß jemand in einer levis 501 nicht verelendet sein kann, ja dann kann ich mir auch nicht helfen. dann kann ich bloß noch jeans importieren. und das war denn auch die erste amtshandlung von erich honecker.

ja, aber die leute wollen das! dies ist das berühmte demokratieargument, merkwürdigerweise kommt es immer bloß an genau dieser stelle, bei den jeans. der höhepunkt dieser tendenz ist im ddrjugendradio dt 64 der hitglobus. im hitglobus werden die hitparaden der brd, großbritanniens und der usa verlesen und gespielt. diese hitparaden beruhen ja auf verkaufszahlen. das heißt, der ddrhöhrer muß nun ständig den stachel in sich fühlen, daß er selber leider gar nicht an der ermittlung dieser hitparaden beteiligt ist, die ihm da so sehr bereitwillig über ddrfunk entgegengelesen werden. einzig konsequent wäre hier die ungarische variante, die dann demnächst in einen finnischen, und von da aus in einen schwedischen zustand übergehen könnte, auf wiedersehen in japan.

einzug in das jugendradio dt 64 hat auch die grauenhafteste medienentwicklung genommen, das jingle. jingles, das sind diese gesungenen zeilen, schlagzeug synthesizer dröhn dröhn ju gend ra di o! jaul. ich höre nun dt 64 seit ich denken kann, aber manchmal fühle ich mich unerwartet alt.

am schottentor in wien gibt es eine wand mit video, es sind kinovorschauen. wenn man auf die bahn wartet, kann man james bond sehen. es ist schön. — in leipzig kaufe ich die österreichische volksstimme, zwei wochen danach. es laufen noch immer dieselben filme. heino aus der braunkohle sagt: wenn man mal eine volksstimme kaufen kann, daß man was anderes sieht. — der intelligenteste film in wien entpuppt sich als reaktionär, ein vertaner abend. ich lasse die bahn fahren, wenn auf der videowand ein vorfilm kommt, den ich noch nicht kenne. — ich bringe heino die volksstimme mit.

als ich mit einer sdajdelegation in der ddr ein kz besuchte, sagte ein veteran hinterher zu uns: ihr müßt im westen leben. ihr tut mir leid.

und im bahnhofstunnel einer kleinstadt: wurzen punk rules OK

eines tages entdecke ich, daß sich auf der ukwskala meines radios in leipzig auch ein westsender empfangen läßt, manchmal. immer, wenn ich jetzt rumsuche und musik finde, warte ich angespannt, was es denn nun ist; eine scheußliche unsicherheit.

3 EINLAGE: SIEBEN INTERVIEWS

1

— matz. möchtest du gern in der ddr leben?
— nein.
— warum nicht.
— kann ich mir nicht vorstellen.
— was kannst du hier machen und drüben nicht?
— nach drüben fahrn.
— warst du schonmal in der ddr?
— nein.
— nie?
— nein. du, ich kann da nichts zu sagen.

2

— sabine. möchtest du gern in der ddr leben.
— nein.
— warum nicht.
— es gibt gute gründe, dort leben zu wollen. soweit ich informiert bin, gehen die menschen da menschlicher miteinander um. das alltagsleben ist kommunikativer, die leute sind mehr miteinander, stehen nicht in soner konkurrenz zueinander wie hier. aber ansonsten, was man so hört, wird man in seiner freiheit, in seiner freien entfaltung, wofür man hier den begriff gefunden hat, wird man da sehr eingeschränkt. und deshalb würd ich dort nicht leben wollen. man wird hier auch sehr eingeschränkt, natürlich. ich bin bestimmten forderungen ausgesetzt, wenn ich in einem supermarkt stehe und da sind zwei artikel, und ich weiß, es ist genau das gleiche, und das eine ist ne mark billiger. diese scheiße.
— was kannst du hier tun und drüben nicht?
— ich kann in einen naturkostladen gehen. ich kann auf die

straße gehen und dafür demonstrieren, daß die lebensmittel besser werden. ich kann mir leute suchen, die nicht den normalen weg gehen. wie ich lebe. ich hab hier nen honorarjob, und da nen honorarjob, ich wurschtel mich so durchs leben durch. das würd ich wohl drüben nicht machen können. ich würde gar nicht auf die idee kommen, weil das macht da keiner.
— kannst du dir etwas vorstellen, das man in der ddr machen kann und hier nicht?
— nein.
— was ist der unterschied zwischen der ddr und der brd.
— das, was in unserem land passiert ist farbiger, bunter, es ist härter und kälter hier. in der ddr ist es warmherziger. und das würd ich mir natürlich für hier wünschen.

3

— ingrid. möchtest du gerne in der ddr leben.
— nein.
— warum nicht.
— weil ich eine zu große distanz habe zur ddr. ich habe mal eine zeit gehabt, in der ich mir das hätte vorstellen können, weil ich das einfach für das land mit der größeren zukunft und mit den größeren aussichten und den größeren möglichkeiten empfunden habe und ich gedacht habe, es ist einfach befriedigender, da irgendwas zu machen und zu tun, und hier ist halt das übliche.
— was könnte man da für sachen machen, die man hier nicht machen kann?
— ich hatte das gefühl, ich finde bessere bedingungen vor für meine arbeit als lehrerin. man hat nicht ständig gegen solche auswüchse wie wasweißich soziale ungerechtigkeit oder politische korruption zu kämpfen wie hier. und im grunde hab ich auch ständig immer noch son rest gefühl, daß ich denke, statt gegen hier ständig was zu kämpfen, hätte man da dafür was machen können. aber inzwischen hab ich auch leute kennengelernt, die so viele vorurteile bestäti-

gen, daß man ganz viel vergebliche arbeit auch leisten muß gegen widerstände, daß viele energien steckenbleiben und nicht zum tragen kommen, nenn es bürokratie oder trägheit oder sowas.

— was sind die sachen, die du hier machen kannst und drüben nicht?

— hier kann ich wahlloser rumschimpfen. aber eben auch wirkungslos. aber es ist sicher zum dampfablassen und dem gefühl, jetzt hab ich dem mal die meinung gesagt, ist das bestimmt wichtig. in der schule bin ich darüber klar, daß ich mich in der klasse schülern gegenüber manchmal taktisch richtig auch zurückhalte, wenn ich merke, da sind so cdu-jünglinge drin, daß ich denke, wenn ich jetzt hier gegenrotze, dann werden die bestimmt nur stärker gegen mich arbeiten wollen, oder mich in sone ecke drängen und sagen: ach, schon wieder sone alte linke. und eben dann grundliberale auffassungen zu vertreten anstatt radikalere vorstellungen von mir zu geben.

— hast du das gefühl, du kannst dich hier leichter gesellschaftlichen anforderungen entziehen als drüben?

— ja, das ist hier sicher leichter, klar. in der gewerkschaft mach ich ja gar nichts. das empfinde ich nicht unbedingt als vorteil, daß man sich hier überall raushalten kann. im grunde bin ich jemand, der auch nur was tut, wenn er gefordert wird.

— was ist der unterschied zwischen der brd und der ddr?

— die bundesrepublik kommt mir wie ne schillernde seifenblase vor und die ddr wie ein harter kirschkern, der immer noch zu knacken ist. hier kann immer noch alles ganz schnell umkippen, etwas wie ein umsturz. daß alles zusammenbricht.

4

— thomas. möchtest du gerne in der ddr leben.

— nein.

— warum nicht.

— weil ich hier schon schwierigkeiten genug habe.
— was kannst du hier machen, was du drüben nicht machen kannst?
— nichts. nichts wesentliches.
— und das unwesentliche?
— ach was weiß ich, nach griechenland fahren. das ist ja albern.
— kannst du dir was vorstellen, was du drüben machen kannst, und hier nicht?
— nein.
— was ist der unterschied zwischen der ddr und der brd?
— ich weiß es nicht.
— wenn du jemanden triffst aus der ddr, hast du das gefühl, du verhältst dich anders?
— ich merke, daß ich es tun muß, leider gottes. weil die leute aus der ddr einen komplex haben, den komplex, daß der westen viel besser ist. ganz einfache, primitive minderwertigkeitsgefühle. die soweit gehen können, daß sie einem nicht klar ins auge sehen können, oder daß alles auf eine finanzielle grundlage gestellt wird. das ist sehr unangenehm. die leute in der ddr haben den eindruck, daß das leben hier bunter ist, vielfältiger, daß sie mehr chancen haben. aber wenn man ihnen genau auseinandersetzt, womit man selbst zu tun hat, dann wissen sie die ddr doch alle zu schätzen. sie sagen letztlich: na, das könnte mir in der ddr nicht passieren!
— das theater in der ddr, hast du mal gesagt, kommt dir so harmlos vor. christine schorn sei so eine harmlose person.
— ja, sie ist so zufrieden. wenn du in eines der ersten häuser da gehst, kriegst du erstmal wenig kritik mit. hier ist es so, gerade künstler erwecken sehr leicht den eindruck der unzufriedenheit mit dem system. das ist halt in der ddr nicht so. das fällt dann auf bei personen wie christine schorn, die so eine grundsätzliche freundlichkeit über die bühne bringen, ein grundsätzliches einverständnis mit der welt. ich finde das geradezu unangenehm. es ist so eine seltsame ruhe über den ganzen schauspielern drüber. ich find das immer noch fantastisch, und es ist klar, daß es so gutes theater im westen eben nicht gibt. aber dieses grundsätzliche einverständnis

mit tagespolitik, mit dem land, in dem ich lebe, irgendwo macht das dann auch schlaff offenbar. keine frage, daß es so gut ausgebildete schauspieler bei uns nicht gibt.

— ist die welt richtig?

— die welt? ja. die welt ist die welt.

— würde sich dein weltgefühl in der ddr ändern?

— ich weiß es nicht. ich glaube nicht. ich kann überall leben. ich kann auch in der ddr leben. ich brauche ein dach überm kopf, genug geld um essen zu können. vielleicht könnte ich meine haltung zur welt besser verwerten. die arbeit.

5

— ronald. möchtest du gern in der ddr leben.

— ja.

— warum.

— weil ich gelernt habe, die ddr ist richtig und die brd ist falsch, biografischer zufall. also ich will weg, und ich will nicht nur weg, ich glaube alle leute wollen hier weg, sondern ich will auch noch in die ddr.

— was ist der unterschied zwischen der ddr und der brd?

— die brd ist hektisch, diesig, grau, schnell, oberflächlich will ich gar nicht sagen, jeder ist so oberflächlich wie er kann, aber ungenau, leicht abzulenken, unkonzentriert. damit mein ich nicht nur die einzelnen personen, die sind das in hohem maße, aber auch jede art von kultur, die ubahn, die straßen, das ist alles zum nichtgenauhinkucken. und in der ddr sind die leute ruhiger, freundlicher, offener, ernsthafter, gelassener, meckern mehr. das intressante an der brd und der ddr ist, es ist in wirklichkeit umgekehrt als wie es scheint. in der ddr meckern sie alle ununterbrochen, sie sind immer aktiv, immer sagen sie: das und das ist unglaublich und unmöglich und absolut furchtbar, und wenn das und das sich nicht auf der stelle ändert, dann schlage ich hier alles kurz und klein. und dann machen die das auch, und dann ändert es sich. natürlich ändert es sich oft genug auch nicht, ich will gar nichts verkleinern, und natürlich ist das viel anstrengender, aber auch gesünder. und es ist richtig. es ist richtig zu meckern, denn die welt ist ja zum meckern.

— was kannst du hier machen, was du drüben nicht machen kannst?

— ich kann die bürgerlichen zeitungen lesen. ich kann das ts journal kriegen, wenn ich weiß wo ich es kriege, und kann mir die wirklich beeindruckenden sorgen der transsexuellen anhören, mühselig abgetippt und fotokopiert ganz verhärmt und mickrig, aber das gibt es. es gibt viele formen von öffentlichkeit, die es eigentlich nicht gibt, und aber auch die offiziellen formen, etwa der stern, haben ne qualität. wenn ich beim zahnarzt bin, blättere ich die zeitungen durch und sehe, wie die absolute mehrzahl an zeitungen nur nur nur verdummt, also faschistoid, ja?, aber es gibt eben, auch auf ner massenbasis wie beim spiegel oder beim stern, dieses bereitstellen von einzelheiten. in aller brutalität, in aller schärfe, in aller widersprüchlichkeit werden einander widersprechende, einander aufhebende, einander überschreiende einzelheiten zur verfügung gestellt, und der leser legt die zeitung weg und denkt: man kann nichts tun. es passiert überhaupt keine einordnung, und so ist das eine besonders ergiebige form der verdummung. man kann nichts damit anfangen. also ich halte die kommunistische tageszeitung hier wirklich für nen idiotenhaufen, aber sie macht eben das gegenteil: sie stellt überhaupt gar keine einzelheiten zur verfügung, aber sie macht immer große zusammenhänge, und zwar immer und immer und immer, daß mans schon nicht mehr hören kann. wenn die ddr sowas wien stern machen würde, würde sie sofort n riesenvorsprung kriegen vor den bürgerlichen medien, weil sie denen natürlich überlegen ist, sie weiß es nur offenbar nicht, oder sie traut sich nicht.

— was kannst du in der ddr machen, was du hier nicht machen kannst?

— diese einzelheiten fallen weg. ich bin gezwungen, mich auf die großen weltprozesse zu stützen. man liest die zeitung auf ne bestimmte art und weise, wie man hier die zeitung auf ne bestimmte art und weise liest, man entschlüsselt sie auf eine bestimmte art und weise, viel fehlt einem, man fühlt sich oft abgeschnitten, aber man kennt die großen zusammenhänge. also man wird niemanden in der ddr finden, der denkt, daß die kontras in nikaragua ne volksbefreiungsbewegung sind, und zwar aufgrund von richtigen und zutreffenden informationen. ich denke, das macht diese ruhe. ich kann hier klopstock lesen, ich lese hier ja klopstock, aber es ist was anderes dort. es da zu tun und größer zu leben. da wird jede lektüre anders und jedes gespräch. man selbst wird bedeutender, und also wird der alltag unbedeutender. und das möchte ich.

6

— matthias. möchtest du gerne in der ddr leben.
— in der ddr leben? um himmels willen!
— warum nicht.
— ich will nach amsterdam fahren, immer. wenn ich mir vorstelle, ich könnte nur in den osten und müßte ständig soljanka essen, das wäre zu schrecklich. und das gefühl, daß da anstelle von politischer macht so eine bürokratische macht ist, wo ich noch nichtmal mehr die illusion haben kann, ich wär ein stückchen frei. hier kann ich diese illusion haben, und die ist mir das wert. wenn ichs recht überlege, ist es ja wurscht; vom reisen abgesehen, das ist ein gradueller unterschied, aber ansonsten. ich könnte mir auch vorstellen, daß ich als schreiber mit dem, was ich zu arbeiten hab, da besser zurande käme, ökonomisch gesehen, daß ich nicht unter so zwängen wär. aber diese illusion, die ist mir so wichtig, also mir selber n bißchen tralala vorzumachen. das ist kapitalismus, und deswegen ist der kapitalismus gut.
— was kann man hier machen und drüben nicht?
— ablenkung. du kannst dich hier mit allem betüddeln, du kannst ein flitterleben haben, wenn du willst, und das lenkt dich halt von bestimmten dingen ab, und das ist nötig, das braucht der mensch. und wenn er sich immer mit substanz beschäftigen muß und mit dem wesentlichen, ich glaube,

dann wird man depressiv.
— kannst du dir etwas vorstellen, das man drüben machen kann und hier nicht?
— ich stelle mir vor, daß die leute in ihrem privaten umgang freundlicher miteinander sind. sich ernsthafter umeinander kümmern. wenn es sowas geben würde wie persönlichkeit, wie charakter, daß sowas vielleicht eher möglich wäre. eben wegen des fehlenden tralalas. dann bist du ja auf dich zurückgeworfen, und wenn du auf dich zurückgeworfen bist, dann mußt du dich entscheiden, bist du jetzt ein schwein oder bist du ein guter mensch. ein schwein kannst du aber nur sein, wenn du gut ausgehn kannst und alles, ein schwein in einer ordentlichkeit, in einer sauberkeit, das gibt es nicht. ein schwein kann nicht früh schlafen gehen. mußte aber drüben. eigentlich. von daher muß man da nur ein guter mensch werden. das ist eine furchtbare idee.
— was ist der unterschied zwischen der brd und der ddr?
— die ddr ist ungeil, die brd ist geil. wenn ich rübergehe, die männer sind alle so häßlich, irgendwie sind sie noch gedrungener als hier, also hier sind die männer ja auch furchtbar häßlich, aber noch mehr. ich hab immer die vorstellung, die haut von den männern fühlt sich da an wie sone gerupfte gans. und die brd ist amerikanisch, und weil schönheit eine amerikanische erfindung ist, deshalb gibt es hier diese schöne schönheit die außen ist, nicht die die von innen kommt. hier gibt es schöne haut. wahrscheinlich gibt es hier schöne haut und da schöne seelen.

7

— stephan. möchtest du gerne in der ddr leben.
— ist das die frage?
— ja.
— ja.
— warum.
— es ist mal was neues. hier hab ichs satt.
— was könntest du da machen und hier nicht?

— nichts. ich denke, daß ich da dasselbe mache wie hier.
— was kannst du hier machen und drüben nicht?
— im intershop kaufen.
— was ist der unterschied zwischen der brd und der ddr?
— hier sind die menschen satt und rotgesichtig, die ddrmenschen sind hohlwangig und graugesichtig. und das graue, das kann ja nur besser werden.

4 BRD SIEHT DDR. DIE LANGEWEILE

die lösung der dienstbotenfrage liegt völlig im dunkel; nur daß die situation unhaltbar geworden, ist klar.
THOMAS MANN

das empire, das habe ich stets gesagt, ist eine magenfrage. wenn Sie den bürgerkrieg nicht wollen, müssen Sie imperialisten werden.
CECIL RHODES

ich habe zwei dinge nie verstanden: warum leute rauchen und warum leute kein kommunist sind.
GUS HALL

ich sah unsere köchin in kunerma auf den frieden trinken mit tränenüberströmtem gesicht.
E. A. RAUTER

back in the u.s.s.r. /
don't know how lucky you are /
boy /
THE BEATLES

as the anecdote goes, one day an east german and a west german bumped into each other and started talking about tv. the man from the east heaved a sigh and said: if it wasn't for all those variety shows and police thrillers on west german tv, I don't know what we'd do. the west german shook his head mournfully and replied: if it wasn't for the

concerts and films on east german tv, I'd throw my set away.
VARIETY, JULY 1st 1987

als er bereits präsident war, marschierte einmal bei einer demonstration ein mann an ihm vorbei, der ein ungewöhnliches transparent trug: das ist eine scheißregierung, aber es ist meine regierung. allende erhob sich, applaudierte und stieg von der tribüne, um diesem mann die hand zu schütteln.
GABRIEL GARCIA MARQUEZ

ich kann ihnen das schwer erklären, weil ihnen das immer unverständlich sein wird.
SARAH KIRSCH

das kann man nicht beschreiben. man kanns nur erleben.
ALEXANDER LANG

tröstet euch genossen, auch der kapitalismus hat seine schattenseiten.
HANNS EISLER

literatur geschieht über einverständnis. es gibt keine polemik mit dem feind. die art, einen feind zu beachten, ist, ihn zu töten.

romantische kunst pflegt die illusion, sie könne menschen erreichen. klassik stärkt die, die schon bei uns sind.

1

antikommunismus ist ja immer ein bißchen langweilig. es sind schon die härteren formen der verbrüderung nötig, sich überhaupt an ihn zu erinnern. die gesichter widerten sich leicht an, wenn bei den westberliner schriftstellern die ddrdissidenten den mund aufmachten. es ist so schwer, mit kaltem kaffee unterhaltsam zu sein.

politik kann literatur erledigen. allein, daß bis vor kurzem die hauptstadt der ddr in den klappentexten der westausgaben ostberlin genannt wurde, hat die ddrliteratur in ihrer wirkung restlos zerstört. der klappentext bedeutete: zwar handelt dieses buch in einer welt, die es nicht gibt, aber du darfst es lesen, ohne daß du selbst auch nur in den kleinsten kleinigkeiten anders denken mußt als vorher. — ich will nicht darüber rechten, daß stefan heym seine memoiren im westen erscheinen läßt. wirklich übel ist aber, daß er die falschen bibliografischen angaben hintendrin offenbar nicht durchgesehen hat. diese angaben verschweigen mehrere ddrausgaben seiner bücher, und ganz genau dieser umstand wird den text des buches unweigerlich zerstören. jetzt kann drinstehen, was will. der text hat gegen die verpackung verloren.

als der westen noch glaubte, daß stephan hermlin ein abtrünniger ist, verlegte hanser aufsätze von ihm, und sofort dachte natürlich jeder, also die müssen ja dermaßen brisant sein, die muß ich mir auf der stelle von meinem geliebten walter zum geburtstag schenken lassen: so auch ich. — zwei jahre später erscheint in der ddr ein band äußerungen des besagten hermlin, dreifacher umfang, philologisch perfekt. wieder zwanzig westmark in den wind. — dergl. mit fühmann und den allen andern. — ich hatte mal, fällt mir an dieser stelle ein, die ehre, mit peggy parnass einen hotelflur entlangzugehen, peggy parnass erzählte die geschichte, in der örtlichen autorenbuchhandlung sei franz fühmann auf sie zu gekommen und habe ihr mit emphatischen worten eines seiner bücher geschenkt; und zum abschluß legte peggy parnass eine hand auf den arm ihrer freundin erika und sagte: was hat dieser fühmann denn so geschrieben?

als ich noch in dem wahn lebte, man könne das glück mit den menschen teilen, belegte ich auf der universität einen kurs über ddrliteratur. ich betrat einen raum mit rosa gekleideten gymnasiasten, und der gähnende professor sprach die worte: also mit christa wolf das ist ja nun alles sehr traurig und warum ist das bloß alles so traurig das ist deshalb alles so traurig weil christa wolf und der sozialismus das hat ja nun alles nicht so hingehauen und da denkt sich nun natürlich christa wolf wenn das alles mit dem sozialismus nicht so hingehauen hat dann ist das ja alles sehr traurig, und deshalb.

heiner müller hielt einmal eine rede, und in dieser rede erwähnte er, weil der da noch dafür zu halten war, den kommunistischen dramatiker franz xaver kroetz. die rede wurde von der tageszeitung die tageszeitung abgedruckt; gekürzt um genau diesen einen satz.

in einer ausstellung über salomon geßner liegen die geßnereditionen der letzten zweihundert jahre, eine lange reihe. in der reihe fehlt das reclambuch, das ulrich berkes herausgegeben hat, wo anders. sie kennen es einfach nicht. es ist zwei kilometer weit weg und unbekannt.

eine ausnehmend gut gekleidete dame in der feinschmeckerabteilung des kadewe, mit ihrer ebenso gut gekleideten begleiterin steuert sie quer durch sie auf anatolij rybakows kinder vom arbat zu, hält es über ihren kopf und ruft: war zwanzig jahre verboten!, nimmt es wieder runter, blättert unschlüssig darin, legt es zurück, nimmt es dann doch und bezahlt. — das buch ist teuer. ich kann es mir nicht leisten. — diese frau interessiert sich doch einen scheißdreck für die kinder von irgendwem. nein, man hat ihr mitgeteilt, dieses buch war zwanzig jahre verboten, und jetzt muß sie es eben kaufen. lesen wird sie es nicht, darauf wette ich meinen rechten hoden, es sei denn — und alles deutet darauf hin —, das zeugs ist so hochromantisch, daß ihr entsprechend die eine oder andere träne runterrollt dabei.

die feinschmeckeretage des kadewe nun immer vorneweg mit dem imperialismus, aber eine spezialität fehlt, das hat mich immer gewundert, das haben sie noch nicht begriffen, daß da etwas zu holen ist: sie haben keine ddrkola. nicht nur die massen von ddrexern würden sie kaufen; vor allem die leute, die ihr leben mit der suche nach dem neuen verbringen, nach dem schrillen und abgefahrenen. klubkola zu trinken wäre dann das endgültige zeichen von antikommunismus. und es wird, wir alle wissen es, so weit kommen.

antikommunismus als zeichen von stärke. in der tageszeitung steht ein bericht über polinnen, die mit touristenvisum ein vierteljahr in westberlin sind und dort putzen gehen. sie mieten für horrorpreise ein zimmerchen, putzen ein vierteljahr und fahren wieder zurück. die taz interviewt diese frauen, und natürlich sollte man meinen, die sind nun ganz unglücklich und kämpferisch, aber nein, diese frauen schwärmen dem reporter was vor, wie toll es im westen ist, wo man soviel geld fürs putzen kriegt, daß man zuhause die alte großmutter noch gleich mit ernähren kann, das sozialwesen. — wie hätte die sozialistische tageszeitung die wahrheit über diese unleugbar wahre begebenheit berichtet? die sozialistische tageszeitung die wahrheit hätte über diese unleugbar wahre begebenheit gar nicht berichtet. wie hätte sie sie auch kommentieren sollen? — sie hätte sie marxistisch kommentieren sollen. aber natürlich ist uns angesichts des übermächtigen feindes der mut ausgegangen.

ich muß mir am wochenende im westen erzählen lassen, daß ein russischer film, den ich drei tage vorher in leipzig gesehen habe, plötzlich verboten ist. natürlich glaube ich es nicht, sage: ich habe diesen film drei tage vorher in leipzig gesehen. das nun wiederum intressiert den erzähler überhaupt nicht, er hört diesen einwand gar nicht, er hat es ja im radio gehört. das radio siegt über die erfahrung. und ich, auch ich glaube es nicht, ich glaube die nachricht nicht, bis ich in leipzig vor dem kino stehe und die ankündigung überklebt ist, mit einem weißen streifen papier, der kleber quillt unter ihm hervor.

einmal in leipzig ruft jemand meinen namen im antiquariat, ich drehe mich um und erblicke einen antiquar aus westberlin, er steht vor einem regal und hält den kopf schief, damit er die titel lesen kann, und ohne den blick von den büchern zu nehmen sagt er, als einzigen satz: hast du was gekriegt? ich bin vollkommen starr und sage: wolkenstein. illustrationen von zander, sagt er, noch immer den kopf schief von mir weg, und plötzlich weiß ich, was er getan hat: er hat am bahnhof zoo für lächerliche hundertfünfzig westmark eintausend ddrmark gekauft und räumt jetzt hier die läden leer. — ich gehe, ich gehe und weiß, der imperialismus macht spaß.

eine junge genossin ruft bei der kommunistischen autorin erika runge an und fragt: sehr gerne möchte ich die laufbahn eines schrifstellers einschlagen, habe aber leider nichts schriftliches aufzuweisen außer meinen tagebüchern und da wollte ich mal fragen, also es soll bloß eine frage sein, soll man tagebücher veröffentlichen? erika runge, um selbstverwirklichung niemals verlegen, ruft munter ins telefon: aber na klar! man darf ausnahmslos alles veröffentlichen! äußere dich! steh zu dir! glaub an dich selbst und dein leben beginnt! daraufhin nimmt die junge genossin ihr parteibuch, stellt sich ans meer wie später jane stanislawski fonda in dem film julia, holt weit aus und wirft ihr parteibuch auf die offene see. das ist karin struck. später wundert sie sich dann. vierzehn bücher und nichts dazugelernt.

eine junge genossin schreibt über den russischen ästhetiker kagan, lobt die marxistischen kategorien — beim nachblättern fragt man sich, wo sie die gesehen hat —, dann schreibt sie über klassenstandpunkt bei günter wallraff — auch viele personen können keinen standpunkt haben —, dann schreibt sie mehrere gedichte, in denen sie versucht, einhundertprozent sarah kirsch zu sein, dann lernt sie marcel reich-ranicki kennen, dann lobt marcel reich-ranicki ihre gedichte. daraufhin nimmt die junge genossin ihr parteibuch, stellt sich ans meer wie später jane stanislawski fonda in dem film julia, holt weit aus und wirft ihr parteibuch auf die offene see. das ist ulla hahn. später wundert sie sich dann. warum bin ich immer noch nicht sarah kirsch. aber ein verhältnis mit einem ddrlyriker habe ich schon.

stephan hermlin im westen, das ist immer bloß seine biografie. wenn ich lange genug kommunist war, dann schieben es die umstehenden auf die lange zeit. er hat so viel durchgemacht! wer die welt siebzig jahre lang ausgehalten hat, wie will man dem etwas sagen? es gibt nichts zu sagen. er kann nicht mehr anders. das schicksal. — es gibt nichts, wirklich nichts, das mich erreichen kann. der sozialismus kann machen was er will: ich werde ihm nicht glauben. er kann als stephan hermlin verkleidet kommen oder als erich honecker, es ist völlig gleich. die verweigerung von kommunikation. die verweigerung von kunst. nichts gilt mehr. — kunstfeindlichkeit heißt ja auch: es gilt kein beweis. die suche nach klartext als ende der mitteilungen. es gibt keinen inhalt, den literatur noch haben könnte. weil es die literatur der ddr nicht gibt, gibt es natürlich auch die ddr nicht. wozu auf etwas sehen, das es nicht gibt.

sie lachen sich kaputt über die filme aus dem osten, in denen noch getrauert wird. im theater wird ja nicht mehr getrauert, auch die schauspieler grinsen an den möglichen stellen verlegen. und im leben, wird im leben getrauert? sowieso nicht.

die bayerischen schüler, die im rudel die funktionsweise der ddrbezahlautomaten in den straßenbahnen verstehen: daß da gar nicht kontrolliert werden kann, ob da wirklich geld eingeworfen wurde; und die nur noch lachen, lachen über diesen mangel, über ein land voller vertrauensseliger, lachen über ein land voll mit idioten.

was die ddr ist? die ddr ist, irmtraud morgner hat ein fernsehen im westen, hinterher geht man etwas essen mit den redakteuren, und auf einmal holt irmtraud morgner aus ihrer tasche zwei kleine päckchen, und die sauköppe von redakteuren packen aus, ein anflug von peinlichkeit, man bedankt sich hier nicht, es sind medaillen von goethe, dem lieblingsautor der morgner, was die redakteure aber nicht wissen, weil sie morgner nicht gelesen haben, ein beschämter deshalb leicht herablassender dank, all dies ignoriert von morgner. das ist die ddr.

der lustige sinologiestudent, der plötzlich auf einer fete in der hauptstadt sitzt, auf eine art lächelnd, die ihn sofort als westler ausweist: was kostet die welt? ich werde sie kaufen. ich werde sie niemals kaufen können, aber jemand aus der welthälfte, die als die meine zu bezeichnen ich nicht die sekunde zögern werde, hat sie längst gekauft oder tut erfolgreich so. — als der lustige sinologiestudent gegangen ist, weil sein tagesvisum abläuft und es nachts ist, da liegt sein geliebter auf dem sofa und fängt an, mich zu beschimpfen. ein anderer dafür bietet sich nicht an, ich bin schuld, ich bin schuld, weil ich noch nicht abreisen muß, ich bin schuld an der sinologie, ich bin schuld an der nacht, ich bin schuld an stalins toten, ich bin schuld an allen toten, ich bin schuld an der welt. und vor allem bin ich schuld daran, daß der lustige sinologiestudent fröhlich sagt: ich finde die ddr wirklich prima, aber ich kann ja auch wieder weg haha.

einmal, ein einziges mal habe ich etwas aus dem westen gesehen, das die ddr darstellte. das war inmitten eines blöden antikommunistischen films der kabarettist dieter hildebrandt. dieter hildebrandt hatte den unvermeidlichen kellner zu spielen, der ausnahmslos jedem beim thema ddr einfällt. und ganz weg von dem primitiven text und dem primitiven film hatte sich dieter hildebrandt also überlegt: wie sieht ein ddrkellner aus. und dieter hildebrandt hat etwas gemacht, das einfach die wahrheit über die ddr ist: er hat sein ansonsten nach hinten gekämmtes haar genommen, hat über dem linken ohr einen scheitel gemacht, also unmittelbar über dem linken ohr, und hat dann die haare der linken kopfhälfte auf die rechte herübergekämmt. — dieser scheitel, das ist durchaus die ddr.

auch gilt es von einer verunsicherung zu berichten, die die klügeren westleute in der ddr ergreift. musicalfettklops angelika milster im dt 64 popcafé erzählt etwas von einer mucke, hält inne und sagt: mucke, sagt man das hier auch? — das interview, das hanna schygulla in moskau der rundfunkjournalistin margit voss gibt, da hört man diese produktive unsicherheit auch. schygulla spricht ganz ruhig, sie spricht über die arbeit, sie spricht über ihr land, über paris, wo sie lebt, sie sagt: ich weiß ja nicht, wie das bei euch ist. schygulla ist klug genug, eine verschiedenheit überhaupt einzurechnen. das ist selten. das ist, in dieser dummen welt, wunderbar.

die chansonette georgette dee hat eine nummer, in der singt sie ich bin von kopf bis fuß auf liebe eingestellt, und im lied fängt sie an, sich bei kopf an die stirn zu klapsen, bei fuß abfällig die hand nach unten zu schlagen, bei liebe ein großes herz in die luft zu malen etcetera. im westen kommt das, wie die ganze person, mit einem großen angekotztsein. die dee macht das lied fertig. — als georgette dee in der ddr auftrat, blieb ihr stirneklapsen plötzlich kleiner, ein blick war da von: ihr wißt schon; die nach unten geschlagene hand signalisierte ein nabitte, das herz in der luft war unser aller herz. diese veränderte haltung war natürlich zuerst ein einfaches nichtwissen. kennt das publikum die lieder? wie findet es sie? wie finden sie mich? aber zusätzlich war da offenbar auch, in diesem singen, das verwundernde gefühl: die sind nicht gegen mich. ich muß, um ihnen etwas zu erzählen, nicht gegen sie kämpfen.

als ich nach leipzig gehe, die reaktionen. leipzig ist unbekannt, das ist das erste. mehrere verwechseln es mit dresden, versprechen sich andauernd. einer fragt: warum gehst du nicht in eine großstadt. alle, das muß ich sagen, wollen wissen, warum ich dahin gehe. aber keiner hört zu, wenn ich antworte.

nur einer fragt danach, was die anderen gesagt haben zu meinem umzug, marlies. ich sage ihr nicht die ganze wahrheit. die ganze wahrheit ist mir peinlich für sie.

der einwand ist natürlich: mit was für leuten gibst du dich ab. — dies ist der moment von höflichkeit. ich werde, nachdem ich acht jahre in derselben stadt gelebt habe wie er, dem filmemacher rosa von praunheim vorgestellt. du studierst in leipzig?, fragt er, ich sage: ja, er sagt: muß man da nicht immer sedhymnen schreiben? — der autor josef winkler lebt für ein jahr in westberlin, ich erzähle, daß ich oft rüberfahre ins theater, er sagt: da spielen sie doch nur brecht. — es gibt eine frau, die heißt frau bahlsen, es ist die besitzerin der kekse, einmal sitzt sie mit peter lilienthal am tisch, es ist die rede von der weimarer republik, peter lilienthal sagt zu ihr: thälmann hat ja damals schon gesagt, wer hitler wählt wählt krieg. ach, sagt da frau bahlsen, hat er das damals schon gesagt? — sie sind nicht böse. sie sind nur blöd.

eine kleine schicht von selbstbewußten, der welt bewußten, relativ stabilen leuten, extrem, im rahmen freundlich, ungebildet, privilegiert. in ihr habe ich gelebt. besseres war nicht zu haben, keine klage über konkretes kommt über meine lippen, nur daß ich anderes wußte. etwas anderes kam nie vor, immer nur das was war, kein kleinster schritt hinaus. dieses war es, das das leben zu etwas machte, das ich niemals ertrug, zu einer hölle.

ich bringe thomas eine zahnbürste mit, weil hier alles so billig ist, und beim ersten benutzen fallen die borsten raus. ich fange an, die ddr zu verteidigen.

2

das furchtbare ist, daß wir uns unterhalten können. ich kucke fernsehn und du weißt, was das ist. woher weißt du das? hat der sozialismus fernsehn? das ist zu und zu schrecklich.

ich habe nicht den eindruck, daß michail gorbatschow den genossen von der humanité sich verständlich machen kann auf die frage nach den verhältnissen in den sowjetischen betrieben. — natürlich bekommt erich honecker einen lang anhaltenden ehrlichen beifall, wenn er dem weltgewerkschaftskongreß von den sozialen errungenschaften der ddr erzählt. aber begreift der ddrzuschauer, warum der kongreß zu selbstverständlichkeiten applaudiert, und begreifen die applaudierenden, warum da noch etwas weiteres ist hinter den vielen billigen wohnungen und den paradiesischen rechten am arbeitsplatz?

empört erzählt eine junge frau von den tagen, da sie hannes wader auf seiner ddrtournee begleitet. hannes wader fängt immer an, ihr böse absichten zu unterstellen, wenn sie von widersprüchen des landes beginnt zu erzählen. auch wundert sich hannes wader, wenn keiner bei den stellen gegen den usimperialismus klatscht. hier, sagt sich hannes wader, hier müßten doch endlich alle einig sein. weil hier die richtige seite ist, muß da doch eine freude sein über die richtige seite.

es war einmal vor langer langer zeit, da ging ich mit günter amendt ein bügeleisen kaufen. wir betraten in der aufgeräumtesten stimmung das hamburger geschäft tausend töpfe und ließen uns die ungefähr fünfunddreißig verschiedenen bügeleisen vorführen, eine galerie. nach einem längeren schweigen straffte günter amendt seine schultern und fragte die mehr als gelangweilt kuckende verkäuferin: wo liegen denn die unterschiede zwischen diesen fünfunddreißig bügeleisen? daraufhin zeigte die verkäuferin ebenso gelangweilt wie bisher auf eines in der langen reihe und sagte: dies ist aus der zone. woraufhin günter amendt freudig rief: na, dann nehmen wir das doch!

soll ich die schokolade hier in leipzig kaufen, obwohl sie teuer und schlecht ist? die mitarbeiterin des schriftstellerverbandes erklärt mir, es sei für die ddr weitaus günstiger, wenn ich meinen joghurt im intershop kaufe statt in der kaufhalle. stärke die ddr! aber ich mag gar keinen joghurt. — vielleicht stärke ich die ddr am meisten, wenn ich weder subventionierte bücher kaufe noch subventionierte wohnungen bewohne? jedes transitvisum eine parteispende! das hat mich immer aufrecht gehalten.

einmal liegt b. mit leyla auf dem sofa, und b. hat eine ddrzeitung für jugendliche, sie lesen sie und kommen an ein kreuzworträtsel. b. holt einen stift, leyla hat schon angefangen und sagt: das kann ich nicht. b. sagt: das ist für junge personen geschaffen, das lösen wir mit links. dann versuchen sie, das kreuzworträtsel auszufüllen. sie wissen kein einziges wort. ihre unwissenheit ist dermaßen verblüffend, daß sie anfangen zu lachen, sie lachen und lachen immer mehr über diese andere gebildete welt der jugendlichen, sie lachen und fallen vom sofa und lachen.

das drückende gefühl, das die westler in der ddr befällt, es gilt vor allem ihnen selbst: die bewußtheit ist ihnen unangenehm. hier sieht die welt die welt, und das wollen sie nicht. weil sie wissen, was sie selber dann machen müßten: anfangen.

die österreichische anthologie über glück hat vorne drauf das fdjemblem, aufgehende sonne vor blauem himmel. hat kein partisan gemacht, bloß ein unwissender.

ein kommunistischer buchhändler in westdeutschland bescheißt einen ddrautor um sein honorar.

mein ehemaliger geliebter, der mir eine karte schreibt aus der türkei nach leipzig, und der bei der adresse bei rda ein ausrufezeichen macht nach dem d; eine liebeserklärung, wenn auch nur an mich.

3

ich hatte immer geglaubt, am meisten über die welt wüßten die ddrleute in der brd. ich glaubte, auch die unwahrheit könne die wahrheit sein, wenn eine andere nicht zu kriegen wäre. wäre, wenn eineiige zwillinge sich gar nicht ähnlich sehen — und sie sehen sich nicht ähnlich —, wäre dann nicht jedes mittel recht?

es ist recht. — es gibt einen wirklich berühmten mann in der ddr; sein ruhm ist sehr exklusiv, und die ihn verstehen, lächeln einander an verlegen und wissend. der mann blinzelt immer über seine brille, er will über ihren rand kucken, uns an, und hält sie vorn auf seiner nase, den rand vor seinen pupillen, parkstraße einundvierzig. der mann denkt vollkommen pragmatisch, es gilt eine liste mit büchern zu machen, cassetten sind eigentlich nicht erlaubt mitzubringen, aber das regeln wir schon, melden sie sich noch nicht ab. arbeit, wissen sie, arbeit finden sie hier immer. — auf dem rückweg ein antiquariat, in ihm ein buch, das thomas sucht, seit ich ihn kenne. ich kaufe es.

ich habe in meinem leben ein paar sehr wenige nichtkommunisten getroffen, die keine antikommunisten sind. ich empfinde ihnen gegenüber noch immer eine sorte faszination, die sich nicht vergleichen läßt, eine ahnung von utopie, eine ahnung von nichtkrieg.

aber natürlich steht die frage, ob hermann l. gremliza so gut ist, wie er hätte sein können. hermann l. gremliza, darüber besteht ja bei niemandem zweifel, ist der ernstzunehmende politische publizist der bundesrepublik deutschland. abgesehen von seinen äußerungen zu den wahlen, die von einer grotesken treue zur spd sprechen, und gremliza weiß das und ist nun dazu übergegangen, immer denselben artikel alle vier jahre abzudrucken; abgesehen davon veröffentlicht er also jeden monat einen artikel, an dem alles richtig ist. — ich halte es für unbillig, einem einzelnen vorzuwerfen, er sei nicht die welt. es gab so eine tradition in der ddr, in die heinrichmannachworte reinzuschreiben, heinrich mann sei kein kommunist gewesen. das ist ja albern. — aber spricht nicht, und jetzt rede ich von den allerletzten dingen, spricht nicht der gegenstand, den ich mir zum leben wähle, auch über mich? bedeutet nicht jeder ort ein eingeständnis? wäre gremliza größer geworden woanders, an besserem ort?

die siebzehnjährige susi tomberg, in der küche ihres vaters sitzt sie und fragt uns: weshalb geht man denn nun in die ddr? ich sage: bereust dus? nein, sagt sie, aber weshalb geht man da weg? ihr vater sieht mich an, lächelt und senkt den kopf. wir lächeln beide, verlegen und wissend, und lächeln.

wenn ich in wien durch die bauarbeiter gehe, dann ist da kein erschrecken mehr. diese personen dort sind verlorene, sie haben an der welt keinen anteil, keine tat und kein buch, nichts wird sie retten. — an den kränen in leipzig laufe ich gefordert. was hier geschieht, hat mit den allen zu tun. die bauarbeiterkonzerte von peter schreier haben das weltall nicht umgestülpt, und auch wird peter schreier merkwürdig schüchtern, wenn er im österreichischen rundfunk von ihnen erzählen soll. aber allen, wie vermittelt auch immer, geht es um diese bauarbeiter mit. die forderung ist niemals weg, hier. dort, wien ist einfach. das endgültige des schreckens hat auch etwas beruhigendes.

man kann ja zu niemandem darüber reden, aber natürlich ist die welt nur in privilegien erträglich. ich brauche richtige ungerechte ausnahmeregelungen, nur für mich.

zb mino. mino treffe ich auf der hohenzollernklappe, er steht drinnen, es ist leer, und wartet. ich stelle mich dazu, gleich lächelt er, ich deute mit dem kopf auf die kabinen, er macht die nase kraus, deutet mit dem kopf nach draußen, ich kucke fragend, er flüstert: wohne ich gleich in der nähe. wir gehen, er ist italiener, seine wohnung ist klein, fast so klein wie meine in leipzig, es ist ein bett in ihr, eine anlage, viele platten und ein heinrichmannbuch in italienisch. mino ist kellner. ich suche eine platte von mina aus, du kennst mina?, ruft er, die einigkeit. er spielt mir alles vor, kommentiert, erzählt geschichten über sie, singt mit. während die platte läuft, schlafen wir zusammen. ein italienischer kellner, der heinrich mann liest, von nachmittags vier bis nachts um zwei arbeitet jeden tag, das telefon ist super gestylt, einmal im jahr fährt er nachhause. er gibt mir seine telefonnummer, als ich danach frage, steckt den zettel in eine minakassette und gibt sie mir, ich sage: für mich?, wir lachen, ich gehe. wenn ich anrufe, ist er nicht da. tatsächlich geht es überall zu leben.

manchmal glaube ich auf der straße jemanden zu erkennen plötzlich, ist das nicht der postbote meiner letzten wohnung, dann fällt mir ein, ich bin in leipzig. — am wochenende in westberlin glaube ich für eine zehntelsekunde meinen parteisekretär zu sehen, ein irrtum. — ich weiß, daß die verkäuferin am käsestand der kaufhalle hier immer da ist, immer kaufe ich zweihundert gramm käsesalat. einmal sehe ich jemanden auf einer bank liegen in der sonne, und ehe ich denken kann, weiß ich, es ist nicht wahr, aber eine hundertstelsekunde war das ein obdachloser. aber ich bin ja hier. — der stämmige vorsteher des edekaladens in dem haus, in dem thomas wohnt, er kennt mich noch, obwohl ich doch gar nicht mehr dort wohne, wir sehen einander an. alle personen sind an ihrem ort.

5 DDR GEHT IN DIE BRD. DAS SELBSTMITLEID

oft hat man von dem mann gehört, der /
zu seiner frau gesagt hat: schatz /
ich geh mal eben zigaretten ziehn /
und der dann weg blieb /
für immer, ich hab es wahr gemacht /
ich bin der mann /
und die sagen alle: mensch, warum bloß /
warum //
MANFRED KRUG

ich muß erkennen, daß meine beziehungen in die ddr hinein auf merkwürdige art dünner geworden sind. vieles trifft mich immer noch, aber nicht mehr so wie früher; wenn ein ddrsportler eine goldmedaille gewinnt, freue ich mich immer noch, aber nicht mehr so wie früher. an die stelle der alten aufregungen sind neue getreten, kaum miteinander zu vergleichen. ich bin zwar relativ häufig dort, doch wenn ich hinfahre, fühle ich mich kaum mehr wie jemand, der nach hause fährt. ich besuche leute. und auch von diesen leuten werde ich anders angesehen als früher, nicht mehr wie einer, der mit ihnen lebt.
JUREK BECKER

hier traf ich völlig unvorbereitet auf menschen, denen das leben immer nur ein problem zu sein schien und die gegen diese tatsache wie gegen eine tödliche verstrickung verzweifelt ankämpften. ich verstand sie nicht.
HARTMUT LANGE

hier darf man sich ja darüber noch lustig machen, wenn einer einen hinkefuß hat oder stottert.
EBERHARD COHRS

das letzte mal, daß theater aktuell reagierte, war für mich 1961. da war die arbeit im berliner ensemble während des mauerbaus eine ganz wesentliche erfahrung für mich. durch diese arbeit habe ich plötzlich die notwendigkeit eingesehen, habe wirklich verstanden, warum das ding damals gebaut werden mußte. auch wenn es plötzlich für mich keine dieser berühmten nahtlosen strümpfe mehr zu kaufen gab, ich war damals zwanzig, hat mir unsere arbeit diese maßnahme plausibel gemacht, ohne holzhammer.
ANGELICA DOMRÖSE

ich weiß nicht, welcher holzhammer groß genug sein könnte, um den leuten damit auf den schädel zu hauen, damit sie wieder anfangen nachzudenken über ihre wirklichen gesellschaftlichen verhältnisse und daß ne gesellschaft durchaus veränderbar ist.
KATHARINA THALBACH

ich bin selbst zu sehr manipuliert, um mich in eine völlig neue gemeinschaft einreihen zu können.
WOLFGANG KIELING

es ist wie ein strenges elternhaus das man sehr gerne hat aber
SARAH KIRSCH

ich bin nicht wegen der kohle hier
VERONIKA FISCHER

und dann las ich sarah kirsch einen artikel von agnes hüfner vor, der funksaal war überfüllt, gerade war sarah kirsch in den westen gekommen, jetzt war sie berühmt, noch kam manfred krug auf dt 64, und später, viel später, als er schon weg war, kam er noch einmal plötzlich, ein letztes mal, am einundzwanzigsten september einundachtzig: so, sagt der moderator, und jetzt gehts weiter mit musik, und es kommen diese schritte, und ich denke, das kann doch nicht sein, und diese schritte und manfred krug singt. als ich rief nach dir. nichts.

und dann las ich sarah kirsch einen artikel von agnes hüfner vor, ich hatte ihn extra eingesteckt, ich wollte ihn ihr vorlesen, ich glaubte an mitteilung, ich wollte an mitteilung glauben, ich wollte unbedingt an sie glauben, obwohl ich schon damals alles wußte.

alle wissen alles, niemand braucht irgendwem etwas zu sagen, die dinge sind deutlich vorhanden in der welt. es ist so grauenhaft einfach, sie alle zu diesem geständnis zu bringen, diesem einen geständnis, dem einzigen, das lohnt. du nimmst sie, setzt sie in eine ecke, setzt dich vor sie, siehst ihnen in die augen und verlangst diesen einen satz von ihnen. alle werden sie ihn sagen, alle. ich will zurück.

einhundert prozent aller, die die ddr verlassen haben, wollen zurück, einhundert prozent. immer glaubte ich, ich muß es den ausreisewilligen mitteilen. mittlerweile lasse ich es. sie glauben einem nicht. sie glauben einem nicht, weil sie es längst wissen. es ist ja albern, den personen nicht soviel erkenntnis zuzutrauen, daß die ddr ein land für menschen ist und die brd nicht. sie wissen es alle. aber es hindert sie nicht.

und dann las ich sarah kirsch einen artikel von agnes hüfner vor, ich fragte mich, ob meine frage bei der aufzeichnung gesendet werden würde, ich saß ein paar tage später vor dem radio und sie war drin, meine stimme war zu laut, ich redete zu einer menge, die menge hieß sarah kirsch.

warum redet auch niemand darüber? weil die leute nicht abhauen sollen, darf man in der ddr nicht darüber reden, daß es ein blödsinn ist. wenn der ausdruck eines schmerzes uns nicht erlaubt wird, bleiben wir gefangene dieses schmerzes.

kurt hager ist es, der das schweigen, das er selber gemacht hat, verquält durchbricht. kurt hager in einem aufsatz zitiert das westfernsehen, wenn er zeugen braucht für das unglück der weggegangenen. dabei wissen wir es alle schon, die unglückliche veronika fischer im fernsehen, sie hat keinen texter, sie hat keine musiker, sie hat keinen plattenvertrag, jetzt betreibt sie ein videogeschäft; irgendwann sehe ich ein handgemaltes plakat mit ihrem namen, da singt sie im fußballverein eines außenbezirkes von westberlin. wo ist christiane ufholz geblieben angelika mann regine dobberschütz hansi biebl holger biege, was ist aus ute freudenberg geworden? in einer rezension der ddrzeitung melodie und rhythmus heißt es über eine sängerin: die hat wohl zuviel lok kreuzberg und spliff gehört. so geschieht das andenken an nina hagen.

weshalb braucht kurt hager das westfernsehen als zeugen? das westfernsehen, berichtet kurt hager, berichtet von mike und frank. mike und frank haben einst in der deutschen demokratischen republik gelebt, jetzt leben sie über den dächern berlins, gemeint ist westberlins. mike und frank haben da offenbar eine fehlentscheidung getroffen, banale belege werden gesucht für diese information, eine information, die jeder geben könnte, der genauso gehandelt hat. wozu sie aus dem mund von kurt hager noch einmal hören? weil sie neu ist? für wen? sie ist weder neu für kurt hager noch für die, die so gehandelt haben. aber vielleicht für die, die noch hier sind? diese werden es niemals glauben.

und dann las ich sarah kirsch einen artikel von agnes hüfner vor, er war viel zu lang für diese gelegenheit, aber die redakteure ließen ihn fast ganz drin bei der ausstrahlung, ein erfolg, der mich wunderte.

es gab eine zeit, da trainierte ich abhärten. ich hängte über meinen schreibtisch ein bild des geliebten meines freundes, das tat weh, und ich hängte über meinen schreibtisch ein bild von nina hagen. wenn meine freunde an diesen schreibtisch traten, dann sagten sie: oh, nina hagen, dufte! aber warum hängst du dir ein bild des geliebten deines freundes auf? das sagten sie, weil sie nicht wußten, wie sehr das bild von nina hagen mich schmerzte.

die ddr vergißt ihre leute ja auch nicht, das ist das gemeine. neulich wurde ein defafilm uraufgeführt, in dem steht einer auf einem tisch und singt eine melodie, die manfred krug gesungen hat. nichts weiter, nur daß manfred krug eben noch hier ist, der ist nicht vergessen, der wird gesungen weiterhin, und er hat es nicht verdient, der blödmann.

einmal fährt auf einem dampfer klaus schlesinger, eine veranstaltung des westberliner schriftstellerverbandes, klaus schlesinger steht an einer reling und wird gefragt, unvermittelt: bereuen sies? und klaus schlesinger sieht hin, wartet eine sekunde und sagt: das, das konnte ich ja nicht wissen.

einmal sitzt an einem großen tisch der journalist reginald rudorf, reginald rudorf kommt aus der ddr und ist spezialisiert auf antikommunismus in der musik, und an diesem tisch wird reginald rudorf immer betrunkener und betrunkener, und je betrunkener er wird, desto schmerzhafter wird ihm die welt, und schließlich fängt er an, er fängt an darüber zu erzählen, wie schön es in der ddr ist.

einmal sind in der akademie der künste in westberlin die russen zu gast, valentin rasputin elem klimow ales adamowitsch, ales adamowitsch nimmt seinen fotoapparat und fotografiert das publikum, neben mir sitzen zwei wohlhabend gekleidete damen die immer russisch reden, und an einer stelle sagt klimow: wissen sie, irgendwann wird auch zu diskutieren sein, ob nicht die emigranten zurückkehren können; und da verstauen blitzschnell die beiden damen ihre sa-

chen machen ihre hände frei, nehmen die arme hoch und applaudieren.
der dicke huwe, er war nun im gefängnis drüben und sagt immer bloß blöde ddr scheiß ddr, und man soll ja auch nicht alles von allen verlangen, und einmal sieht er mich plötzlich an, wir sind alleine, er sagt: ich hätte doch drüben gut leben können.

und dann las ich sarah kirsch einen artikel von agnes hüfner vor, ich litt unter dem plötzlichen ruhm der dissidenten, sarah kirsch war auch gar kein dissident, oder täuschte ich mich, oder täuschten mich die berichte über sie, oder ließ sich sarah kirsch über sich selber täuschen, ich wußte es nicht. ich wollte, daß sie alles zurücknimmt, ich wollte etwas hören von ihr, ich wollte etwas hören, von dem ich wußte, daß sarah kirsch es nicht sagen würde, selbst, sagte ich mir mühsam, selbst wenn sie es sagen wollte, sie kann in einem funkhaus des norddeutschen rundfunks unmöglich die ddr loben, aber sie sollte die ddr loben, unbedingt, ich wünschte es mir so.

eine grauenhafte illustration zu dem satz von karl marx, das sein bestimmt das bewußtsein, liefert uns der kommunistische dramatiker hartmut lange, der im laufe seines lebens zu einem spätbürgerlichen melancholiker regredierte. mit seinem umzug aus der ddr nach westberlin ist alles an ihm verlorengegangen, auch das ärgerliche, ungenügende, widersprüchliche, und er weiß es und schwätzt darüber. der mann ist heute einfach ein nichts. gruselig.

ein ort definiert sich durch das, was ihm gesagt wird. der fernsehfunk der ddr bietet armin müller-stahl die rolle eines ddrkundschafters in der brd an, und er spielt sie. ein brdfilmer bietet armin müller-stahl die rolle eines ddrkundschafters in der brd an, und er spielt sie. die aussagen der beiden filme sind, gelinde gesagt, gegensätzlich. was geht in armin müller-stahl vor? ich äußere wie immer vermutungen, ich kenne armin müller-stahl nicht persönlich. meine vermutung lautet: nichts geht in armin müller-stahl vor. die ddr ist der ort, an dem in bestimmter weise über die brd gesprochen wird. das ist alles. ich bin der ort, der spricht.

und dann las ich sarah kirsch einen artikel von agnes hüfner vor, später viel später erzählte ich agnes hüfner davon, inzwischen schrieb ich selber artikel für diese zeitung, agnes hüfner wollte sich schon damals an diesen artikel gar nicht gern erinnern, bestimmt ist er ganz schlecht, aber er ist nicht schlecht, er ist vollkommen richtig: eine große dichterin ist aus einem land der zukunft in ein land der vergangenheit gegangen.

der versoffene hauptdarsteller des leipziger theaters, dem geschmackloserweise nach seinem ausreiseantrag der kleist in müllers zement übertragen wird, nachts um halb eins ruft er mitten auf der straße: ich bin doch kein reaktionär!, weil ich schweige und er seit jahrhunderten auf mich einredet, ich schweige und er redet, er ruft: ich bin doch kein reaktionär. an dieser stelle spreche ich, auf diesen satz antworte ich, ich sage: du weißt doch gar nicht, was ein reaktionär ist. siehst du, lallt er und lächelt blöde und traurig, deshalb will ich ja gehen. weshalb willst du gehen, sage ich und schüttle ihn, weshalb. er konzentriert sich auf mich und sagt: nur so. — nur so. nur so, das ist unwiderlegbar. wenn das wirklich so ist: dann mußt du unglücklich sein. der mangel an unglück ist der grund für es.

ich ging einmal an weihnachten zu meinem geschlechtsarzt, er hatte urlaub, die hilfe gab mir einen zettel mit der adresse seiner vertretung, ich fuhr hin, ein riesenvoller laden, am heiligabend. ich wurde in eine kabine geführt, in ein stoffabteil, ich konnte die türkenkinder toben hören, eine kleine frau kam herein und ich sagte, ich habe eine gonorrhoe, sie sagte, tatsächlich, und plötzlich dachte ich, während ich das gewicht meines körpers auf ein bein verlagerte und sie mir in die andere pohälfte eine nadel stach, plötzlich dachte ich: diese frau kommt aus der ddr. rede dir nichts ein! nicht alle netten leute kommen aus der ddr! aber diese frau ist nicht bloß nett. diese frau ist aus der ddr. — zur kontrolle bei meinem geschlechtsarzt, ein paar wochen danach, er fragt: wie waren sie mit der kollegin zufrieden? ich sage: sehr, sie ist auf eine art nett, daß ich schon dachte, sie ist aus der ddr. und der geschlechtsarzt kuckt mich an und sagt: sie ist aus der ddr.

und dann las ich sarah kirsch einen artikel von agnes hüfner vor, in der faz stehen gedichte von ihr, ich fotokopiere sie in der staatsbibliothek, vergleiche später mit den büchern, es gibt abweichungen, ich lege die kopien sorgfältig ein. auch schreibt agnes hüfner inzwischen für die faz, in der diese gedichte erscheinen, und faselt dauernd irgendwas von trennung von literatur und ideologie, vollkommen ins delir gesunken.

ich schwöre es, viel später in der zukunft stehe ich eines sonnabendnachmittags am telegrammschalter der hauptpost von leipzig, die sonne scheint rot in die halle, das junge ding hinter dem schalter schimpft mit mir, ich antworte, der junge mann rechts von mir lacht darüber, ich sehe auf sein telegramm, und es ist, ich schwöre es, ein telegramm an annette im notaufnahmelager gießen zimmer 21, und ich lese das telegramm des jungen mannes, und es lautet, ich schwöre es, komm zurück es ist nicht zu spät jens.

und dann las ich sarah kirsch einen artikel von agnes hüfner vor, und was sollte sie auch sagen darauf, was konnte sie sagen, hinterher wußte ich, es war das einzige, was sie sagen konnte, nichts anderes konnte es sein, eine wahrheit für jeden, freunde gibt es überall. — nina hagen, wenn man sie nach der ddr fragt, sagt: da habe ich singen gelernt.

ich versage meine bewunderung nicht dem entschluß der evangelischen kirche, den aus der ddr gekommenen pfarrern in der brd eine eigene gemeinde zu verweigern. die pfarrer sollen bleiben wo sie sind, sie sollen bei den menschen bleiben, bei allen menschen. von diesen pfarrern wird verlangt, sie sollen in der welt sich sehen, sich nicht einfach nur in ihr befinden. das ist es, was auch wir von den personen verlangen.

und dann las ich sarah kirsch einen artikel von agnes hüfner vor, es war die publikumsdiskussion, ich meldete mich als erster, die köpfe wendeten sich, ein galgen mit einem mikrofon senkte sich über mich, ich stand auf, jetzt mußte ich sprechen.

6 EINLAGE: SCHLEENHAIN

31. august 87

leichter schlaf, wie immer, wenn ich etwas vorhabe. ich setze wasser auf, die tasche ist gepackt, laufe zwischen bad und küche hin und her, ziehe den stecker vom kühlschrank raus. ich lege mir eine patience.

zu früh am zug, es ist ein doppelstockzug, ich warte in ihm. ich bin vollkommen wach. in deutzen steige ich aus, jemand hat mich betrachtet, ich frage nach dem kulturhaus, einfach gradeaus. ein plakat mit hansjürgen beyer, ich überlege hinzugehen. eine frau sagt mir die tür. die sekretärin sieht aus wie meine tante irma, sie sucht per telefon den kollegen vogel, an den ich mich, behaupte ich mehrmals, wenden soll. sie glaubt irgendwie, daß ich falsch bin. während sie zehn telefonate führt auf der suche nach dem kollegen vogel, lächelt sie mir ein paarmal zu. es ist nämlich, sagt sie, treffpunkt in der zgl um neun uhr dreißig. aufschub, denke ich.

der kollege vogel zeigt mir einen stapel brigadetagebücher, das beste soll prämiert werden, welches würdest du nehmen. ich habe noch nie in meinem leben ein brigadetagebuch in der hand gehabt, nur meine weit überdurchschnittliche politische bildung läßt mich dieses wort schon einmal gehört haben. ich blättere ehrfürchtig die fantasielos gestalteten seiten um, ich habe als erstes das schlechteste erwischt, es wird immer besser. der kollege vogel ist ein arbeiter, der jetzt als bglvorsitzender arbeitet, kurz hat mich die partei auch mal in den staatsapparat geschickt, in der schule waren zwillinge, die jungen leute wollen immer alles auf dem tablett serviert bekommen. ich stimme ihm zu. die investition ist nicht schlecht, sage ich, er nimmt das brigadetagebuch, die investition?, außen an dem buch ein zettel mit dem namen der abteilung.

in der zgl zwei weitere arbeiter. was ist ein arbeiter? ein arbeiter ist ein schmuckloser mensch, der sich über sport unterhält und mich nicht ankucken kann, weil ich so merkwürdig aussehe. eine stille minute, als der kollege vogel noch etwas mit jemandem bespricht auf dem flur und ich mit den beiden am tisch sitze. die begrüßungsworte des zglvorsitzenden sind gleichzeitig atemberaubend routiniert, unsicher und ehrlich. sie lesen uz?, frage ich und deute auf sie, er lächelt, man muß doch wissen, was vor sich geht.

ich bekomme einen betriebsausweis, mit dem kollegen vogel hole ich den stempel, damit ich die bahnfahrt nicht bezahlen muß. und jetzt muß ich gar keine fahrkarte mehr kaufen?, frage ich. nein nein, sagt der kollege vogel, das bezahlt der betrieb. mit der sdajgruppe stand ich vor zwölf jahren am werktor von siemens und verteilte zeitungen mit der forderung, der betrieb solle die anfahrt der arbeiter tragen, wenigstens einen anteil. die leute lachten uns aus. die leute hörten uns gar nicht zu.

mit dem stange jürgen, schon in den brigadetagebüchern stellten sie immer den nachnamen vor, fahre ich nach schleenhain. wir machen einen umweg in seinen garten, der fahrer mit den jungen augen geht durch den garten und sagt: so gehts einem als abteilungsleiter, die frau von stange jürgen hat das gas nicht abgedreht, so oft komme ich ja nicht her, ein großer heller garten, alles selbst gebaut. der fahrer und stange jürgen tragen blaue arbeitskleidung und einen gelben helm jürgen in der hand, der fahrer die ganze zeit auf dem kopf. wenn die brücke gesperrt ist, ruft der fahrer gegen das laute fahrzeug, müssen wir den ganzen weg zurück. sie lachen.

die brücke ist gesperrt. wir stellen uns vor das schild, warten, das schild wird weggestellt. wir winken den straßenarbeitern. das büro von stange jürgen haben sie grade renoviert, alles selber, keine leute, ein chaos. der fahrer räumt mit um, eine frau (christine), ein junge (henry), alle in blauer kleidung, sonst fahren sie runter. wir sitzen alle in dem büro und trinken kaffee, stange jürgen ist stellvertretender abteilungsleiter, einer von zweien, hundertachtzig leute hier. ein schrank soll getragen werden, irgendetwas hat nicht geklappt. der fahrer holt mit mir stiefel und einen helm. student müßte man sein, sagt stange jürgen, als ich zurück bin, und fährt mit der hand über das neue gelb. die frau in der ausgabe sagt: aber die haare lassen sie sich abschneiden!, sei nicht so frech, sagt die kollegin, finden sie das schön?, die erste, ich lache.

stange jürgens schwiegervater hat zement organisiert. die belehrung machen wir morgen, ich muß dann mit dem moped nochmal in den garten. von da mit dem auto zur arbeit von meiner frau, dann den zement. das andere auto hat nämlich keine anhängerkupplung, immer allem nachrennen. dann geschehen noch einige dinge, die ich nicht verstehe. morgen halb sechs.

1. september 87

um halb sechs befinde ich mich auf der landstraße. ich habe in deutzen den bus nicht gefunden, immer den andern nach, hatte jürgen gesagt, die andern wollten aber gar nicht nach schleenhain. so gehe ich zu fuß im dunkeln, die autos halten nicht, ich gehe.

als ich komme, gibt der vorsitzende von jürgen rapport, hölzel werner. still sitzen die zwei vor der sprechanlage, die stimmen der anderen bereichsleiter berichten von unfällen und ausfällen. heute nur vierzehn züge im einsatz, gestern der plan ist erfüllt. hölzel werner erzählt, als er dran ist, in einer erstaunlich ruhigen stimme. am telefon und im zimmer ruft er immer, sein idiom kommt dann auch stärker zum tragen, hier ist er hochdeutsch und wissend. wenn er beim frühstück von seinem fernseher erzählt, bekommt seine klugheit etwas normales.

der fahrer von gestern, er heißt jürgen, frühstückt mit. zu fünft sitzen wir um die schreibtische, die sekretärin hat brötchen gekauft, mit ihr werden ständig scherzworte gewechselt, jürgen flirtet mit ihr, das tut man eben; als ich nach der kaffeekasse frage, sagt sie: am ende der woche. der fahrer jürgen ist herzkrank, hat vier kinder und seine frau ist frührentnerin. er darf keine schichten mehr fahren, jetzt springt er ein wo not am mann ist. ich sehe ihn immer schränke ein- und ausräumen, helfe ihm tische tragen, der rest der renovierung. für den fahrer jürgen ist es schwer, sagt stange jürgen, keine schichtzulage mehr, das ist ja auch ein finanzielles problem. er erzählt es mir, als wir auf dem turm einer förderanlage stehen, ich sage: der würde bei uns zuerst entlassen. stange jürgen fängt an, die ddr zu loben.

die grube ist ein meer. wenn jürgen etwas erzählt, überlegt er vorher kurz, wie das wohl drüben ist. zum glück habe ich nicht die leiseste vorstellung von braunkohlenbau irgendwo.

bergmänner sind hübsch, übrigens, ddrhübsch, kerle. im zug sitzen die starken jungs und nähen ihre lederjacken.

als wir zurück sind, schrauben wir einen schreibtisch zusammen, export. dafür sind vier mann erforderlich. wir sind vier. drei müssen die teile passend in der luft halten, nicht zu hoch nicht zu niedrig, einer schraubt. export!, rufen wir immer wieder, export. als er ein teil pressen muß und gleich loslassen kann, sagt jürgen: laß kommen, wir heiraten.

das essen kostet achtzig pfennig.

dann ruft jürgen seinen direktor an. er hatte eine frau agitiert, den meisterlehrgang zu machen, keine leichte arbeit, schließlich wollte die frau, eine große entscheidung. ein paar tage vorher erfährt sie, daß sie für den lehrgang nicht vorgesehen ist. der direktor, sagt jürgen, hat bloß immer gesagt: das gibts doch nicht. das gibts doch nicht, hat er bloß immer gesagt. aber der direktor kann da auch nichts machen.

der mann an dem zweiten schreibtisch in jürgens zimmer ist nämlich auch plötzlich gegangen. die kombinatsleitung delegiert ihn in einen anderen betriebsteil, da ist er weg. es gibt keinen nachfolger, es gibt keinen. jemand, der für hundert leute verantwortlich ist. keiner da.

langsam gewöhne ich mich an den tagesablauf. zu der zeit, zu der ich in wien ins bett ging, stehe ich auf.

2. september 87

abrechnung der schicht, noch sind nicht alle da, besetzung der maschinen, schichtleiter der geht ist der parteisekretär, schichtleiter der kommt ist schmitz siggi. der parteisekretär arbeitet ehrenamtlich, ist eingestellt als schichtleiter, macht das aber nur aushilfsweise, wenn mal wieder wer fehlt. ebenso die aglvorsitzende, die ich nicht sehe, weil sie urlaub hat.

dem parteisekretär schwimmen die augen, vielleicht ist er nachtschicht nicht gewöhnt. als ich mit ihr das frühstücksgeschirr abwasche, frage ich evi die sekretärin, warum sie sich als einzigem mit ihm siezt. sie weiß es auch nicht richtig, vielleicht weil er auf einem betriebsvergnügen in gegenwart seiner frau es so eingeführt hat. beim aufräumen finden wir fotos mit ihm, auch mit der jugendbrigade arthur kahnt und mit martina pfefferkorn, die hier arbeitet und berühmt ist. die fotos werden herumgezeigt. sie lösen gelächter aus.

der agler von arthur kahnt hat sein zimmer mit unserem aglzimmer getauscht, während des frühstücks kommt ein anruf. arthur kahnt ist ein antifaschistischer widerstandskämpfer, als auf dem foto der brigade einer nicht zu erkennen ist, sagt jürgen: das ist arthur kahnt. bis auf heinrich heine kommen alle brigadenamen von antifaschistischen widerstandskämpfern. was will kahnt denn mit unserem zimmer, sagt jürgen und hängt sich ans telefon. der agler von kahnts hat sein zimmer, es sind ja alle zimmer neu verteilt hier, genau neben dem heizungsraum. unser zimmer wird nur als versammlungsraum genutzt, wir sind also nicht so oft drin. der agler ist schon halb umgezogen, hat vorausschauend auch die schlösser getauscht, so ist alles einfach. er kommt doch, sagt evi milde, nie raus aus diesem raum. jürgen sagt: vielleicht ist das das problem.

eine mundart bedeutet auch eine einigung auf eine ähnlichkeit in der satzmelodie. der tonfall hier hat etwas drängendes, ein bißchen beleidigtes, selbstironisches, weiches, nachgiebiges. na klar! na horche mal! na was denkstendu! meine klääne.

wer ist für den kabelkanal verantwortlich? warum ist die weiche nicht zur hundertachtundsechzig geliefert? das neue gerät für dreitausendfünfhundert mark hat in einem vierteljahr noch nicht drei tage funktioniert; wer kauft es uns ab? auf schicht c fehlen drei mann. der parteisekretär, obwohl er grad schichtleiter macht, hat das friedensmeeting durchgeführt. das sind alles telefongespräche.

für ein wasserhäuschen zur brandbekämpfung sollen neue rohre gelegt werden. beim frühstück wird diskutiert, ob zwischen häuschen und straßenhang gebaggert werden kann. kann der schutt auf die seite oder auf die? ich beuge mich zu evi rüber und flüstere: weißt du, wovon die reden? evi sagt: ich war bloß einmal unten, ach wo. wir gnickern verschwörerisch.

als wir an dem häuschen stehen, demonstriert der baggerfahrer seine kunst, der boden ist naß und wird von unten nasser, er kann nicht zu dem häuschen fahren und schafft es doch. der baggerfahrer ist ein ganz kleiner lustiger weißhaariger mann, dessen gesten körpergroß sind. na da! ruft er und schmeißt beide arme in die richtung, und dann muß ich doch!, und die beine breit auf der erde und die hände auf den hüften (eberhard cohrs war ein realistischer künstler). stange jürgen zeigt ihm, wo er baggern soll. er redet mit ihm.

als wir wegfahren und in den rückspiegel kucken, sehen wir eine fontäne. da muß ich wieder lügen beim bericht, sagt jürgen, und dreht um. ein rohr angebaggert. er fährt zum haupthahn und dreht ihn zu, das braucht zwei mann. als er wiederkommt, ist alles naß und der baggerfahrer schüttelt lachend und verzweifelt den kopf mit dem ganzen körper und ruft wieder: wo kommtenmanda die wasserleitung her? wir wissen es auch nicht.

das sind so sachen, sagt jürgen, die nebenbei anfallen. nebenbei kontrolliert er die eintragung zur sicherheitsüberprüfung eines eckturms, freut sich über die qualität der kohle, export, und fragt in der zugabfertigung, ob katrin am wochenende arbeiten kann, ich frage bloß, katrin, fragen muß ich doch. katrin sieht aus wie sechzehn und grinst. wochenende kann ich nicht. rosi sagt: wenn wir unsern humor nicht hätten.

4./5. september

nachtschicht mit heino. heino ist schichtleiter der d-schicht, sprach mich an, weiß offenbar nicht, daß ich aus dem westen bin. er erzählt mir, er könne viel über die leute erzählen, ich solle mal seine nachtschichten mitmachen.

heino holt mich mit dem auto von deutzen ab, trotzdem ein weg von zwei stunden. mit mir am bushäuschen warten ein extrem attraktiver junger mann (stefan) und eine kleine frau (gisi), sie unterhalten sich. als ich das auto sehe, sind sie schon dran, ich denke erst, es ist das falsche auto, dann steigen wir alle drei ein.

meine sachen, stiefel helm jacke, sind im leitungszimmer eingeschlossen. in weißem tischört und schwarzer jacke gehe ich mit zum aufteilen der schicht, stark overdressed. der junge, der am ersten tag das motorrad reparierte (henry), kommt zu mir und fragt mich, was ich mache. das wichtigste ist, sagt er, daß du alle duzt.

also duze ich den alten mann (rolf), der mich zurück zum schichtleiterzimmer bringt. warum fährst du nicht mit den andern mit? ich bin hier das mädchen für alles, sagt er und lacht altersmilde. er organisiert dann für uns, daß auf dem ersten bagger der kaffee für uns bereitsteht, später wird er irgendwohin gerufen für eine reparatur.

heino hat sich umgezogen und sieht vollkommen verändert aus. ich geniere mich für meine städtische, saubere kleidung. er gibt mir ein altes fußballhemd, sagt, frisch gewaschen, eine kohlenjacke. später bekomme ich aus einer bude einen helm, der über ist. hoffentlich sieht keiner meine schuhe. die werden hin sein. sie sind dann doch nicht hin.

heino fährt mich durch die nachtschicht. er erklärt mir die riesigen bagger, große ungeheuer, sage ich, das sagt erwin strittmatter auch! ruft er, zufrieden, einmal bleiben wir auf freiem feld, auf freiem torf stehen, heino fragt: wie findest du es? ich weiß, was ich zu tun habe, und sage: schön. auch heino weiß, was er der welt schuldig ist, und sagt: vor allem anstrengend hier.

der empfang auf den baggern ist gelassen. oft werde ich gar nicht vorgestellt, nur wenige fragen. ich kucke heino bei der arbeit zu. einmal sagt heino, daß ich etwas schreiben werde, einen roman in sieben bänden, sagt er. wir lachen. ich sage: mindestens.

heino erzählt zu allen hier geschichten. der eine säuft, der andre hat einen selbstmordversuch hinter sich, diese frau ist alleinstehend, hat mal den lokführer mal den, der attraktive junge vom bus ist wegen seiner freundin hierhergekommen, jetzt ist sie weg und er immer noch da. die kleine frau neben ihm ist, wie viele kleine menschen, ganz lustig, blinzelt mir zu, wenn es einen witz gibt, niemand entschuldigt sich für etwas, ich muß mich nicht entschuldigen. die baggergeräusche werden über kilometer getragen, es klingt wie die hölle, wie gemarterte, ein beruhigendes geräusch.

stange jürgen hatte gesagt: du mußt fragen, von alleine erzählen sie hier keinem ihr leben. natürlich stimmt das nicht. jeder will sein leben erzählen, und wer bietet sich an als ein fremder, der wieder geht. heino ist der intellektuelle, der nicht mehr als intellektueller arbeiten will, journalistikstudium, parteiapparat, produktion.

als er müde wird, bekommt er etwas gemeines. was hat mutti uns denn heute eingepackt, sagt er und öffnet das eßpaket. hinterher: da hat vati aber wieder schön gegessen. ich interpretiere dieses verhalten als anpassung an das gegebene. anpassung an das gegebene ist hier überhaupt die vorherrschende haltung. wenn meine fähigkeit als verlader gefragt ist, werde ich meine fähigkeit als verlader zur verfügung stellen. also sind meine restlichen eigenschaften hier nicht wichtig, und so ist es. das ist alles.

zwischendurch überkommt mich etwas wie euphorie. auch ich könnte hier auf dem bagger arbeiten, dreimal pro schicht müssen die roste gereinigt werden, das macht der dritte mann, auch ich könnte es sein. ich könnte alles sein.

die letzte stunde duschen wir uns, heino mit großer lust, den dreck runter, ruft er, und dann ins bett! die andern müßtest du sehen, wie sie sich freuen beim duschen, sagt er. also hat auch meine nachlässigkeit in der pflege meines körpers etwas privilegiertes. im zug schlafe ich.

je mehr passiert, desto weniger gibt es zu erzählen. heino löst den schichtleiter ab, ein alter genosse, wolf heinz, den ich kaum verstehe. er fragt mich, ob ich schon bei der armee war. ich sage: nein. er empfiehlt mir, drei jahre zu gehen, das geld!, sagt er, das geld. er war 54 drei jahre, bereitschaftspolizei. warum fragst du, frage ich, wegen der haare? ach was, nuschelt er milde, das kann jeder machen, wie er will.

heino hat den nachmittag mit der reparatur seines autos verbracht, wenigstens ging es gleich, eine neue pghwerkstatt, wieder ein siebzigmarkschein hin. wir fahren zum eckturm, heino hat mir alles aufgemalt, wo die kohle herkommt, wo sie hingeht. am eckturm wartet wieder der kaffee, der kleine henry, den ich schon kenne, wird angebrüllt: vier mark! wirst du wohl die vier mark bezahlen! das brüllen, das ist sofort klar, ist ein völlig normales brüllen, ein spiel, alle lachen. henry soll eine kanne kaffee ausgeben, weil er die leitfahrerprüfung bestanden hat. für vier mark muß ich ja ein halbes jahr arbeiten, sagt henry und kuckt zu mir, ob ich den witz verstehe.

ein anderer junge, jens, ist durch meine gegenwart vollkommen verunsichert, zuckt wohl sowieso mit den augen, ein helles bartloses gesicht. günthi fragt mich sofort, wer ich bin, das literaturinstitut ist ein anderer planet, viel fremder könnte ich ihnen mit meiner westidentität vielleicht auch nicht sein. günthi hat fast keine zähne im mund, ist keine vierzig, hast du schon deine pille genommen, fragen ihn die andern immer, er nervt alle und unterhält sie. ruf doch mal franz an, sagt jemand, und günthi nimmt das telefon. sofort greift einer rein und sagt: nicht. günthi nervt franz besonders gern, der geht gleich hoch. bei einem falschen geräusch läuft günthi raus, draußen die züge müssen parieren. der bunker soll eigentlich für jeden zug neu freigegeben werden, weil das zu anstrengend ist, steckt ein streichholz im schlüssel. die kontrolle ist abgestellt. aber günther scheint alles im griff zu haben.

henry heißt hier eule, er studiert betriebsingenieur, eine delegierung kriegst du immer, die suchen ja, sagt er, als er mir die anlage zeigt. aber sowas wie der stange jürgen machen? nee. — ich heiße der lange oder der student.

ein zug ist entgleist, heino wird gerufen, mit günther fahren wir hin. der zug steht, auf dem zweiten gleis läuft der betrieb weiter, der lokführer heißt rosi. er steigt aus, wir suchen die feder mit taschenlampe, günther setzt sie ein. dazu muß der lokführer ein stück vorfahren, nur ganz wenig, das geht mit rufen und trillerpfeife und mistsau und arschloch, ein arbeitsvorgang. als die feder drin ist, müssen die beiden achsen wieder aufs gleis gebracht werden. dabei kann der zug umkippen, vor zwei wochen wurde bei sowas einer erschlagen. günther legt sich unter den wagen und gibt anweisungen.

da kuckt der sensenmann zu, sagt heino zufrieden. er führt mir ein abenteuer vor! ich frage: gibt es einen sichereren weg? man könnte statt stempel zwei keilblöcke nehmen, das wäre umständlicher und nicht viel sicherer. der stempel ist ein stück schiene, ich trage es zum auto zurück, günther sagt: ganz schön, was? der zug fährt wieder, günther lebt noch. der zug kreischt auch, als er in die schiene einrastet. das geräusch des mißlingens ist kein anderes.

an der wand des kipperhäuschens, in dem wir die nacht verbringen, sind witze aus dem eulenspiegel an die wand geklebt mit kleber, auf die figuren sind namen der brigade gemalt. henry wird auf den eckturm gerufen, wir fahren hin.

die hebel, die henry bedient, sind beschriftet. knöpfe und lichter, schnell tastet henry große abläufe. er zieht mich den abhang hoch, als ich nicht aus dem bunker komme, an den schaufeln vorbei bewegen wir uns auf reiner kohle. hast du von technik ahnung?, fragt er, ich sage: null. wie weit ist es bis zum eckturm? ich bleibe stehen. zweihundert meter, sage ich. na bitte, sagt er. ich sage: zufall. henry lacht. glück ist besser als verstand. wir beginnen, uns über diese these zu unterhalten.

henrys lieblingsschriftsteller ist stanislaw lem, er schwärmt von der summa technologicae (vielleicht ist die verantwortung der schriftsteller, die schlecht schreiben, viel größer, weil man sich gegen sie nicht so wehrt). weil es keine antworten gibt auf henrys fragen, liest er auf dem eckturm mathematikbücher. wir sind jetzt umgezogen, sagt er, da haben wir auch keine zeitung mehr. wer ist wir? na meine kleine. fernsehn kuck ich auch nicht. neulich hab ich lippi gesehen, das war mir richtig peinlich. warst du schon bei der armee?

6./7. september

in deutzen warte ich auf heino mit dem auto, stefan kommt und wartet mit. warum warst du nicht im zug? ich komme nie mit dem zug. aber neulich warst du! ach da, da kam ich von zuhause. wohnst du im wohnheim in altenburg? in deutzen, ja. da gibt es auch eins? ja, überall gibt es welche, überall. dann kommt ein auto und holt stefan weg, kommst du mit, ruft er mir beim einsteigen zu, nein ich warte auf heino.

heino teilt die schicht auf. meisi schimpft, wie jedesmal, macht doch euern scheiß alleene!, vollkommen empört, jeden abend. er muß auf einem bagger mitfahren, wo er nicht will, jemand fehlt. es fehlt immer jemand. meisi reagiert in jeder minute vollkommen unmittelbar, als der aposekretär leute suchte, trat er in die partei ein. die andern lächeln darüber. eine massenpartei.

in der übergabe stehen drei probleme. diese drei probleme werden uns die nacht beschäftigen. aber zuerst wieder kaffee in der bude am bunker. wieder fahren wir mit dem alten rolf hin, der kaffee ist alle!, rufen sie uns gleich entgegen. mach keen quatsch, sagt heino. wörklich is kään kaffee da!, sagt günthi, heute nacht gibts kartoffeln. wir kriegen die beiden letzten tassen und heino fragt: kartoffeln?

dann diskutieren wir, ob kartoffelnklauen dem sozialismus schadet oder nützt. ich spreche die worte: anarchische formen der vergesellschaftung. henry und heino stimmen zu durch lachen. am ende der nacht wird uns günthi auf seinem motorrad begegnen, dein sack liegt hinter der tür am eingang. wir schleppen ihn dann in heinos auto, noch ist es dunkel.

henry möchte ein anderes leben führen. eine große wohnung, ich mit meinen brüdern, eine alte omi kocht für uns, bestimmt findet sich da eine, und wir sind dann manchmal zu besuch, liefern unsere dreckigen sachen ab, mal bei der einen kirsche mal bei der andern, ein leben! aber arbeiten, sagt heino. arbeiten muß sein, sagt henry, alles andere ist utopisch. aber das, das ginge doch! seit ich wohnungsbesitzer bin, sagt henry, denke ich ganz anders. hat wer spanplatten zum decken einziehen?

der erste bagger, zu dem wir fahren, sitzt fest im ton und schief. es ist der bagger, auf dem stefan dritten mann macht, ich frage ihn, was jetzt passieren soll, weil ich von der diskussion nichts verstehe, er sagt: ich kann es dir auch nicht sagen. dann diskutiert er mit, kann der bagger die schiefe ebene baggern, die in der tagesübergabe steht? heino muß darauf orientieren, das ist das wort, das er gebraucht, er argumentiert mit dem baggerführer. als wir weiterfahren, sagt er: der baggerfahrer will in kurzer zeit viel schaffen. wenn er die schiefe ebene baggert, geht es langsam. einfacher ist, nicht auf die nachfolgende schicht zu achten. dieser baggerfahrer will es sich einfach machen.

der wassermann, jens, steht auch noch mit am bagger, es ist der blasse junge mit dem augenzucken. mit ihm und der kleinen frau, gisi, stehe ich und sehe der diskussion zu. was sollst du denn hier machen, sagt gisi. ich erzähle es, sage: ich weiß aber noch nicht, was ich schreibe. das wüßte ich auch nicht!, sagt sie: na dreck eben. — empfindet sie ihre arbeit wirklich als dreckig? der ton, auf dem wir gehen, ist gelb und glitschig, wenn man will auch dreckig. wird das element nicht normal? vielleicht sagt sie dreck, weil ich ein außenstehender bin. — dann unterhalten wir uns über den westen. das thema hat nichts mit mir zu tun, es ist ein allgemeines, normales thema.

im radio kam, da ist einer mit der leiter über die mauer. kann denn das wahr sein? ich glaube das nicht. so blöd sind doch unsere leute nicht! zu was haben sie denn den rust verurteilt? vier jahre? na, da sind ja auch köpfe gerollt von dem minister, das ärgert die, daß die das nicht gemerkt haben. und jetzt kriegst du nur noch fünfzehn mark, wenn du rüberfährst. naja, paar millionen mal fünfzehn mark, das muß man auch sehen. das sind summen. ich weiß nicht, warum die leute rübergehn. hier ist noch ein zusammenhalt. mal besuchen, ja. aber ganz? nee.

diesen letzten satz höre ich oft; wohlgemerkt von leuten, die nicht wissen, daß ich von drüben bin. ist das eine kollektive selbstversicherung? warum sagt man das einander? ich habe es noch nicht raus.

ein bagger steht, der andere weiß nicht, in welche richtung weiterbaggern. heino berät mit den besatzungen. ein paar wollen frei, manchmal geht es, manchmal nicht. heino ist der meister. ich habe, sagt er als wir duschen, heute nacht wieder kluge entscheidungen getroffen. dann lacht er.

7./8. september

ein bagger kann nicht baggern, weil er unter wasser steht. wir fahren hin, er steht im schlamm, es regnet weiter. heino hat keine stiefel, seine sind kaputt, das dauert ein halbes jahr, bis er die wieder hat von der materialstelle. er läuft mit nassen füßen.

eine senke, die schlecht entwässert ist. der kleine blasse wassermann ist allein in der nachtschicht, er kann nur notlösungen anbieten für diese nacht, jetzt kann er schon mit mir reden, ohne daß seine augen zucken.

der baggerführer soll eine kante stehen lassen, damit das wasser abläuft. er räumt einen hügel ab, wir stehen im führerhäuschen, der baggerführer manfred, ein älterer mann mit wachen augen, der dritte mann heike, sie ist jung und hat rote haare, heino, ich und jens. manfred baggert den abfluß, nimmt dabei die kante weg, und ich denke: könnte er nicht die kante stehen lassen?, und ich verbiete mir den gedanken, ich habe ja keine ahnung. da geschieht es, daß heino spricht: manfred, die kante! manfred sagt: jaja, und geht etwas hoch. wenn er aber hoch geht, baggert er nicht so viel. heino sagt: etwas vor, dann läßt du sie stehen. manfred sagt: jaja, und fährt den bagger ein stück vor. dazu muß er aufhören zu baggern und mit dem linken arm einen hebel betätigen, heino sagt mir nachher, daß andere das auch gleichzeitig können. ich sehe manfred an: er ist freundlich, jetzt ist er im streß, ruft seine anweisungen, führt wohl unsinnige funkgespräche mit der lok, die den abraum wegbringen soll. ich bin ganz fasziniert von diesem mann, der seit vielen jahren auf dem bagger arbeitet und ihn nicht so im griff hat wie andere kollegen.

der bagger, der gestern schief stand, hat sich wieder gemeldet. wieder diskutiert stefan mit, ob die schräge gehalten werden kann, ob der rand breit genug ist, ob die sache so gehen wird. wir sind auf den hohen kohleberg geklettert, die kleine gisi mit uns, der baggerführer hat eine dicke brille, er will sich wohl absichern, fragt; ein anderer hätte einfach gemacht, sagt heino. und wir stehen auf diesem großen kohleberg, und der baggerführer sagt: übrigens, wie ist denn das mit einem baggerschein für den stefan. der intressiert sich, der baggert schon manchmal, und manchmal besser als ich. heino sagt: wir haben ja eigentlich genug mit schein. der baggerführer sagt: ja, aber die armeezeit! es muß doch immer mal wer zur fahne! na eben, sagt heino, und schaden kanns ja nicht. da übst du immer mal, sagt er zu stefan, machst dich mit den vorschriften vertraut, und dann sagst du bescheid. stefan steht und sagt nichts. ich nehme an, es macht ihn stolz.

zum bagger sind wir heute mit der lok gefahren. es schlagen blitze aus der leitung, die machen blind, der fahrer muß hineinsehen auf den weg. es ist ein junger blonder lockenkopf mit großen lippen, den ich später auf einer wandzeitung sehe, ein genosse. günthi kippt die kohlewagen, das macht einen lärm, der betäubt. heino hat mal eine geschichte über die kohle geschrieben für seine tochter, da spricht er von harter arbeit. ist die arbeit hart? sicher ist die arbeit hart. aber sie ist auch normal, man tut sie acht stunden am tag, am längsten sieht man die kollegen, man geht nicht tot. wenn ich neben günthi stehe und ihm zusehe, ist da nichts dämonisches, nichts schreckliches, nichts angstmachendes. gott weiß, wie wenig ich hierher gehöre, aber auch ich könnte diese arbeit tun, niemand wird hier getötet.

günthi merkt es als erster. wir sitzen allein in der kipperbude, alle andern haben etwas zu tun, günthi sagt: und wenn du fertig bist, gehst du zurück nach berlin? ich sage: ja. berlin ist schöner? naja. westberlin ist noch schöner. ich lache: weshalb? findest du nicht? sagt günthi. warum findest du es denn? frage ich. warst du schon mal da? fragt er. sag doch, warum du westberlin so schön findest. und günthi fragt: bist du aus westberlin? da gebe ich mich geschlagen, ich sage: ja. günthi, nicht die bohne erstaunt, sagt: wie kannst denn du da hier studieren? kulturabkommen. er fragt mich nach dem geld, er fragt mich nach der wohnung, er fragt mich: willst du denn zurück?

ein blödes versteckspiel. ich habe schon in der schule gehaßt, wenn jemand wußte, daß ich aus der ddr kam. ich hatte nie lust, mich zu erklären. es gibt nichts zu erklären. soll ich ihm sagen, daß ich nicht zurück will? soll ich ihm sagen, daß ich zurück will, um ihm einen gefallen zu tun? jede antwort wäre ein schwachsinn.

henry liest zeitung, eine illustrierte. wir machen witze über zeitungen.

9. september

ich erzähle heino, woher ich komme, wir unterhalten uns den tag. wenn die wahrheiten zu groß werden, gibt es sie nicht mehr. dann ist auch nichts zu erzählen.

10. september

heinos parteiausschluß soll hier nicht erzählt werden, um dem antikommunismus nicht vorschub zu leisten; jedenfalls übergibt ihm heute der parteisekretär bei der übernahme die parteimappe, heino soll kassieren bei einem seiner leute, der parteisekretär sagt: ich weiß ja, wem ichs gebe, leg es dann in den schrank und vergiß nicht, abzuschließen. der parteisekretär und heino sehen einander an und lächeln.

mittelschicht, ich begleite henry. wir fahren mit dem bus, zwei baggerbesatzungen, henry, ich, wir werden abgesetzt, wir essen im krümel. der krümel ist eine baracke, in der es essen gibt bis mittags. als ich eine cola kaufe, verstehe ich den mann nicht, der den preis sagt, eine verwicklung. auf dem eckturm christine, sie lacht mir zu, als wir die rote leiter hochgeklettert kommen, begrüßt mich. stange jürgen hat immer mit ihr geflirtet, ich frage sie, wann er wieder zurück kommt, er ist krank. sie weiß es natürlich auch nicht, woher soll ich das wissen, man sieht sich auf arbeit.

der zweite mann für henry ist richter. richter sieht aus wie ein amerikanischer schwuler, schnauzer und saukurze haare, er sagt zu christine: auf den tisch? christine lächelt bloß. ich hab den schlüssel für den schmierraum, sagt richter. christine sagt kühl: jetzt oder gleich. könnt ihr noch was lernen, sagt richter. man lacht.

alle erschießen, sagt richter, die da oben. richter ist polsterer und einsatzkraft, irgendwie schon zwei jahre hier. die möbel von uns gehen alle in den westen, da gibt es ganze häuser bloß mit sachen von uns, scheffeln die noch ein geld mit. diese bemerkung ist verachtungsvoll gesprochen und stolz.

auf der anlage bewegt sich henry wie ein guter könig; der traum. sieh da hinunter, sagt er zu mir, wie findest du es. ich sage: ich würde das niemals freiwillig tun. du mußt dich überwinden, sagt henry. ich sage: ich tue es ja.

die handgriffe wieder im nebenbei. das chaos wächst, sagt henry, überall. henry spricht den monolog über wesen von anderen planeten aus den kippern, er hat für die welt den begriff entropie. er hat weder braun noch pynchon gelesen.

das nichtbeteiligtsein an der welt erfordert eine philosophie des nichtbeteiligtseins. auführliche betrachtungen henrys über das leben auf einer insel. rückschritt sogar hinter frühbürgerliche tätigkeitsideologie durch warten auf die sozialistische demokratie. hölzel werner wird der alte genannt, er könnte vierzehn sein und hätte diesen namen. der chef ist immer der chef.

und einlenken. natürlich geht es, wie es geht. das leben ist möglich. das sichzufriedengeben. der kummer um das badezimmer. die preise für die motorräder. anhand eines motorrads gespräch über inhaltformrelation. für eine unanschauliche welt eine anschauliche abbildung.

die bandanlage steht. es ist nichts zu tun, ein schaden. wir reinigen den eckturm, er ist kaum dreckig geworden heute. im winter, sagt henry, müßtest du uns sehen.

12. september

die bandanlage steht, günthi erzählt es mir, als ich ihn von zuhause abhole. er hat gerade die wasserleitung des hauses repariert, ein viertel mit alten neubauten, als ich nach der nummer frage, fragt man zurück: zu wem wollen sie denn?

ich glaube erst, auch die bagger würden nun stehen. aber man ist zu den zügen zurückgekehrt, wie früher fahren sie direkt zwischen brikettfabrik, kraftwerk und bagger hin und her. was, frage ich henry, wenn sich nun herausstellt, daß es ohne bandanlage genauso geht und billiger? er lacht. das rechnet hier keiner aus. irgendwann hat einer diese bandanlage eingeführt, und jetzt wird die gefahren. angeblich haben wir ja hier die herrschaft der ökonomie. aber ich weiß nicht.

es ist ein drückender, dunkler tag, henry zieht sich sein hemd aus. die bandanlage ist still, die kipperbude leer. henry macht seinen kontrollgang, die andern schichten haben ihn nicht gemacht, er sieht es an den büchern. kaum ein eckturmfahrer will das hier wirklich machen, sagt er. kein wirkliches intresse! wir müssen etwas tun.

wir müssen etwas tun, sagt henry, nichts machen ist scheiße. günthi hat schon mal einen zug eingehoben, der entgleist war, als er kommt, sagt henry: und jetzt wird das band gereinigt.

die bandanlage zieht sich über einen kilometer durchs land, von den kohlebunkern ganz unten quer über die abraumbunker, unter uns kleine häuser, winzige raupen, in henrys haar der wind. ich rede mir ein, dies hier sei ganz wichtig zu überstehen, und so falle ich nicht in ohnmacht.

und ich kann ja nun nicht den leisesten wasserhahn aufdrehen. mit unverhohlener verachtung fordert mich henry zu immer billigeren beweisen meines unverstandes auf. leider entbehrt er der beschützergefühle, die hier sonst gewöhnlich erzeugt werden.

der schlauch, den wir mitschleppen, wird an die erste abzweigung angeschlossen. ich, schlau wie selten, frage noch: gibt es da einen rückstoß? richtig, sagt henry, das gibt einen rückstoß. halt mal. dann dreht er das wasser auf.

mit den lustigen szenen ist das ja nun so eine sache. was ist lustig an einem, der sich selber mit einem wildgewordenen wasserschlauch naß macht? immer denke ich, henry zieht an dem ding, aber es ist es selbst. dann richte ich tatsächlich den strahl auf die verstrebungen, die voll liegen mit kohlenstaub, und tatsächlich sprudelt dieser wasserschlauch in meiner hand dieses zeug weg, also ich.

henry übernimmt, günthi übernimmt, schönes feuerholz, ruft günthi, eben geklaut! willst du was ab? henry sagt: ich habe keinen ofen, günthi ruft: die schwiegereltern! die freuen sich! lag da unten rum! ich habs im rucksack!

also kann man sich immer unterhalten. man kann immer noch was organisieren, man kann immer noch eine tasse kaffee trinken zwischendurch, man kann heiraten, man kann ein leben führen. wir spritzen drei stunden lang dieses riesige lange gerüst ab, das ist verboten, wir müßten es manuell machen, das würde zehnmal so lange dauern, weil da fahrleitungen sind und der strom überspringen könnte. gar nicht gefährlich, hatte henry vorher gesagt. hinterher wird er vom alten rolf ausgeschimpft.

henrys helm segelt runter auf die erde, ein kleiner gelber punkt. henrys schmaler junger muskulöser körper hockt nah am rand, gegen den himmel ist die arbeit zu sehen. fliegen müßte man können!, ruft er, komm hoch, er reicht mir die hand, ich gebe ihm die hand, er zieht mich hoch. wir stehen auf dem rand, halten uns an den lampen fest, wir dürfen nicht runterfallen. wir fallen nicht runter.

die landschaft der grube besteht aus vieler arbeit. das macht diese landschaft schön. henry geht heute zwei stunden früher.

13. september

jetzt weiß ich die namen, die gesichter dazu, ein paar geschichten. ich weiß, was die witze bedeuten, ich kenne die bedeutung der spitznamen. was ich noch weiß:

es gilt, die welt zu verbessern. die helme werden geschmückt, die kabinen der bagger, die kleidung kenntlich gemacht. die welt verbessern geht.

es gilt, lustig zu sein. gelassen und wach betrachten die leute im tagebau den tagebau. wer wieder weg kann, redet nicht mit. lustig sein geht.

es gilt, die dinge zu tun. alte wahrheit: was muß das muß. lamento und gelächter. die dinge tuen geht.

blinzeln durch brillen, das verschränken der arme vor der brust, das wippen auf den fußspitzen, das lachen, das inderweltsein. es gibt keine orte, an denen wehleidigkeit ein recht hat.

das prinzip der kommunisten, auf die proletarier zu hören, hier bekommt es wahrheit. arbeiter sind an ihrem ort. der ort soll menschlich werden.

am ende der schicht hat heino sieben tage frei vor sich, wir sitzen im schichtleiterauto, fahren die geschlungenen wege hoch auf den kohlebergen, heino am steuer macht die fahrergeräusche nach, brumm brumm! hui eine schranke! wer ist schneller ich oder du? ich bin schneller! brumm brumm! — wir haben das auto gewaschen; als wir aussteigen, verabschiedet sich heino von ihm.

7 DDR SIEHT DDR. DAS DESINTRESSE

there is a joke down in russia, it goes: my grandfather knew lenin. — don't laugh if you don't want to.
ANDY WARHOL

es gab in jenen jahren viele bewundernswerte schauspielerinnen in lima, aber keine bessere als die perichole. die limaner lebten zu weit von den theatern spaniens entfernt, um sich bewußt zu werden, daß sie die allerbeste war in der ganzen spanisch sprechenden welt.
THORNTON WILDER

dann habe ich am bahnhof vinetastraße zwei mädchen gesehen, die auf dem gitter des luftschachts standen, die taten so, als wären sie ganz zufällig dorthin geraten, aber in ihren gesichtern war so ein abglanz von kühle und wind.
MANFRED BIELER

wenn ich mich verbrenn /
war das wasser zu heiß //
KEIMZEIT

liberalismus und geist gehen seit dem 19. jahrhundert nicht mehr zusammen.
PETER HACKS

am einhundertsten todestag von edgar allan poe wird die deutsche demokratische republik gegründet, der erste staat der arbeiter und bauern auf deutschem boden. aber der umzug kommt erst am kampftag der arbeiterklasse.

an jedem ersten mai strömen die einwohner in die mitten der großen städte und feiern sich. den sitten des landes entsprechend sind wir morgens vollkommen ausgeschlafen. von einem bein auf das andere tretend, erwarten wir den aufmarsch unserer selbst.

der erste mai ist wunderbar hell. zum treffpunkt kommen auch die, die immer spotten. über die lautsprecher erfahren wir die reihenfolge. es zieht durch die stadt die ganze stadt. als wir uns in bewegung setzen, ist für die vorne der umzug schon vorbei.

dies ist der dozent für klassische literatur. in ein paar monaten wird er sich umgebracht haben. dies ist der dozent für weltliteratur. er hat keine rechte hand. dies ist der arbeiterschriftsteller, der vor vielen jahren aus der brd gekommen ist, seine bücher sind grauenhaft schlecht. es liest sie auch keiner. dies bin ich. ich lache, wenn sie versuchen, distanz zu demonstrieren. ich demonstriere nähe.

auf der großen straße der stadt bildet der umzug das publikum des umzugs. die plakate sind aus der hauptstadt gekommen, niemand liest sie. die zeit der anstecknadeln ist vorbei.

das verhältnis der ddrbürger zur ddr ist natürlich ein pragmatisches. wenn es gilt, hier einen umzug durchzuführen, dann werde ich hier auch einen umzug durchführen, so ist das nicht. ich habe schließlich schon ganz andre dinger durchgeführt.

aber das ist es nicht allein. wir laufen noch immer die große straße herauf, wir kaufen am rand eine bockwurst, sie fällt uns auf die hose, wir ärgern uns maßlos darüber, und wir haben den ersten mai. wir schimpfen mit den kindern, weil die dazu da sind, und es ist der erste mai der kinder. die welt ist in blöcke aufgeteilt und in umzüge. wir sind einer in ihr.

wie merkwürdig ist es, die straßen nicht wiederzuerkennen! wer beschreibt mein entzücken über die tribünen in der mitte der stadt? auf ihr steht der direktor des instituts für weltbeschreibung und winkt. ich winke zurück! wir alle winken, wir marschieren an den oberen vorbei und lachen. glauben die oberen uns? ich sehe dem direktor von ferne in die augen. glaubt er mir? der depridichter hat seine freundin untergehakt. sie sehen den direktor auch. auch sie winken.

gegenüber der tribüne mit den oberen die mit der jugend. die jugend hat fähnchen in der hand und pläne auf den knien, sie winken und bilden bilder dabei. am besten kucken können die auf der tribüne gegenüber, aber auch wir, die wir zwischendurch marschieren, sehen die ornamente der jugend. alles an diesem morgen ist ornament. an diesem morgen ist ornament ein adjektiv.

ich drehe mich um und sehe auf den zug hinter mir. ich gehe rückwärts, um in dem strom zu sein. auch die leute hinter mir winken nach oben. die schauspieler des schlechten theaters versuchen, wie alle schauspieler auf der ganzen welt, intellektuell auszusehen, mehreren gelingt es. die krankenschwestern haben ihre weißen trachten nicht an. ich bin kein kind und werde auf keiner schulter getragen. wenn ich stehenbleibe, gehen die leute an mir vorbei. dann muß ich mich beeilen.

als ich meine leute erreicht habe, ist der zug zuende. als die tribünen alle sind, wird der strom schlagartig weit. es gibt den strom nicht mehr. wir stehen auf offener straße.

wäre jedes einverständnis so merkwürdig wie hier! ein merkwürdiges einverständnis ist immer klug. die bürger der ddr, ohne zwang betreten sie die feste des landes. keine liste erfaßt ihre freude. ausschließlich der brauch erfordert die schönheit, die es gibt. ausschließlich die wirkliche handlung erzwingt den ablauf des landes. ihn bewohnen sie.

1

alles ist wertvoll. auch die scheißeste erfahrung bringt uns der immer selbsteren erkenntnis näher. auch die unsozialistischste piffichkeit bleibt teil der ddr.

die einfachste art, die ureinwohner zutraulich zu machen, ist natürlich, so zu tun, als habe man die gleichen sorgen wie sie. ununterbrochen müssen dringendst dinge besorgt werden, ununterbrochen können dringendste dinge nicht besorgt werden, ununterbrochen läßt die qualität der thermoskannenverschlüsse zu wünschen übrig — sie tut es tatsächlich —, ununterbrochen gibt es gerade diese eine nummer dieser einen zeitschrift nicht zu kaufen, auf die es einem gerade jetzt ankommt; gut.

nun gibt es leute, die verweigern sich dem. der anhaltende mißerfolg von peter hacks ist einfach darauf zurückzuführen, daß peter hacks dinge für unwichtig erklärt. offenbar ist es ein angriff auf das allerinnerste, wenn man jemandem in einer warteschlange sagt, das, wofür er da anstehe, sei ein blödsinn. das will man nicht hören. da wird man ganz böse.

und natürlich ist die logik der götter nicht unbedingt die der menschen. wenn ich die neue brechtausgabe kaufen will, und es ist nun immer noch nicht die historischkritische — wie sagt barbara bergbrechtschall so schön?: papi braucht keinen apparat! —, wenn ich also brechtipechti kaufen will, dann muß ich mich verpflichten, die ganzen dreißig bände zu kaufen; soweit noch logisch. gänzlich und vollkommen sie selbst ist die ddr dann aber wieder in ihrer konsequenz: um diese bei abnahme der ersten drei bände noch weiteren siebenundzwanzig zu abonnieren, muß ich nun also sage sowohl als auch schreibe 27 (in worten: siebenundzwanzig) einzelne zettel ausfüllen, siebenundzwanzig mal name siebenundzwanzigmal adresse siebenundzwanzigmal unterschrift. det issie! det is unsere ddr.

es sind auch immer alle verantwortlich! nie käme im westen etwa ein rundfunkjournalist auf die idee, das programm zu verteidigen. das programm ist scheiße, jeder weiß es, auch er. in der ddr verzieht der kollege noch schmerzhaft sein gesicht, wenn man ihn auf die mißlungenheiten anspricht.

es ist auch nie irgendeiner verantwortlich! auf dem buchmessenstand des aufbauverlages zucken sie hohnlachend die schultern, wenn man sie nach dem erscheinungstermin der angezeigten bücher fragt: niemand weiß es, weshalb ausgerechnet ich?

im buchladen ein kinderbuch von andré müller, eine zeit später fällt mir ein, daß ich es kaufen möchte. ich erkundige mich nach ihm, zweieinhalb meter von dem ort entfernt, an dem ich es zuletzt sah. die verkäuferin an meiner hand ist vollkommen ratlos. andré müller? andré müller soll ein buch geschrieben haben? ein buch für kinder? was machen wir denn da? wir können durch die regale gehen und suchen. ich antworte: es steht nicht mehr im regal.
— es steht nicht mehr im regal? wo könnte es denn noch sein?
— vielleicht in einem katalog?
— katalog? katalog, ja. wie groß war denn das buch?
— wie groß?
— ja, ungefähr.
— na, so, ungefähr, vielleicht ein stückchen größer.
— so?
— ja, so ungefähr.
— dann muß ich mal nachkucken. nein, hier in dieser kartei steht es nicht. wir hatten mal ein buch von einem müller, über fräsmaschinen, ein sehr schönes buch. das war es wohl nicht?
— nein, das war es nicht.
— andré müller?
— ja, andré müller. ein kinderbuch. so groß ungefähr.
— ja. ja, dann weiß ich auch nicht.

bei dieser gelegenheit entdecke ich ein buch, bei dem ich mich stark bezwingen muß, es nicht einzig & allein wegen seines unüberbietbaren titels zu kaufen: franz kafka, die verwandlung und andere tiergeschichten.

ich betrete eine buchhandlung und frage: gibt es trotz aller ästhetischen einwände gegen es bei ihnen das buch langsamer knirschender morgen von volker braun zu kaufen?
antwort: wir warten auch schon.
frage: wann aber wird es so weit sein?
antwort: es ist ja angekündigt!
frage: also bis bald?
antwort: also bis bald. —
ich betrete einen tag später dieselbe buchhandlung und frage: gibt es trotz aller weiterhin bestehenden ästhetischen einwände gegen es bei ihnen das buch langsamer knirschender morgen von volker braun zu kaufen?
antwort: das hatten wir gestern. —
das ist das wundertütenprinzip.

dieselbe buchhandlung, jahrhunderte später. ich, der sherlock holmes der buchhandlungen, schleiche auf zehenspitzen zu einem an der hinteren wand befindlichen vorhang. unendlich langsam blicke ich aus schmalen augen nach rechts und links, hebe zeitlupenartig meinen arm und zack!: hinter dem vorhang befinden sich verschlossene kartons! was, richte ich mich auf und frage streng die schüchtern herbeigeeilten verkäuferinnen, was verbergen diese kartons? eine zitternde winzig kleine verkäuferin wagt sich hervor und stammelt: bücher. ich frage streng: weshalb sind sie nicht ausgepackt und an mich verkauft worden? die nebelgebilde verschwinden, meine sinne werden klar und neben mir steht eine dreimetergroße buchhändlerin und sagt pampig: weil wir keinen platz für neue bücher haben. — das wundertütenprinzip.

gerade die detektivischen fähigkeiten allerdings werden von zeit zu zeit gebührend belohnt. einige neuerscheinungen nämlich liegen nicht auf dem tisch mit den neuerscheinungen, sondern stehen, alphabetisch eingeordnet und mit dem schmalen rücken nach vorne, gleich im regal. wer sich die mühe macht und jeden neuen tag die gesamten regale durchliest, der wird dann vielleicht mit einem bonbon aus dem westen belohnt, dem begehrten schund.

einen tag nach dem berühmten tapeteninterview von kurt hager liegt plötzlich gorbatschows rede vom januar 87 in den buchhandlungen, die schon ewigkeiten vorher angekündigt ist. und obwohl natürlich jeder sofort denkt: jetzt aber schnell einen ausgiebigen vorrat an januarreden angelegt, weil morgen sind die wieder weg, da liegt diese rede auf ihrem stapel und liegt und liegt, ein zeichen der entmutigung.

früher hieß es ja immer, von der sowjetunion lernen heißt siegen lernen. heute besinnen wir uns auf die revolutionären traditionen der deutschen arbeiterbewegung, heute gilt der satz von thälmann wieder: hände weg von der sowjetunion! haha.

auch unsere ahnen sind schnell ausverkauft, diderot lichtenberg voltaire, und sämtlich sie ermöglichen dann im westen den inselverlag, weil dem ist ja philologie zu teuer, und so macht die ddr die treudoof für den westen mit. die brd liest klassik nahezu ausschließlich in ddrlizenzen.

und es ist natürlich ungleich eleganter, wenn einfach alle bücher immer da sind und man auf sie weisen kann und sagen: hier sind sie doch. — der witz an der lage ist, daß an dem ort, wo an manche bücher viel schwerer zu kommen ist, die leute so viel gebildeter sind, bewußter, wach. auch ernst, auch müde, auch eingebunden. wie sehr viel eleganter ist dies andere, wie sehr viel machtvoller, wie sehr bewunderungswürdig und ekelhaft.

mein freund rödger geht mit mir zum essenmarkenverkauf der karlmarxuniversität, zeigt seinen ausweis von der hum-

boldtuni und sagt: ich hätte gerne eine essensmarke für heute.
— das geht nicht.
— gibt es die hier nicht für denselben tag zu kaufen?
— nein.
— ach wissense, ich komme heute extra aus berlin.
— das ist aber nicht vorgesehen.
— so ein weiter weg.
— naja. siebzig pfennig. aber eigentlich!
man muß nur bittebitte sagen.

der liebe gott der ddr hat vor alles eine sperre gestellt. um etwa zu dem unglaublichen muskulösen trainer vorzudringen, der im postmodernen bowlingcenter leipzigs den kraftsport ermöglicht — leider raffe ich mich nur dreimal auf, und natürlich ist nicht nur der trainer bei diesem training unglaublich —, davor also gilt es, den einlasser davon zu überzeugen, daß er einen einlassen soll. das ist nicht einfach. man stellt sich vor die postmoderne durchsichtige tür des postmodernen durchsichtigen bowlingcenters, drückt sich also die nase platt an der scheibe wie quasi ein kleines dickbäuchiges afrikanerkind mit riesigen augen, und irgendwann sieht einen der junge mann auch, der hier den einlaß organisiert, kuckt einen ein bißchen an durch die scheibe, ruhig, überlegt ob er kommen soll, überlegt noch mal, und irgendwann kommt er dann. er kommt zur tür und schließt sie auf. an dieser stelle nun sollte man sich seine worte auf das genaueste zurechtgelegt haben. ist ein satz zu lang, wird er unterbrochen. bringt der satz nicht kurz und prägnant ein möglichst überschaubares anliegen zur sprache: dann schließt dieser junge mann die tür wieder zu. ich habe den einlasser gesehen, wie er zu einem großen schweren mann, der sein vater hätte sein können, auf dessen begehr, das bowlingcenter zu betreten, nämlich: bloß mal zum kucken!, habe ich also diesen einlasser sagen hören: aber zehn minuten, keine mehr! — wie man das so zu kindern sagt. zu kleinen kindern.

auch ist es unmöglich, den schriftstellerkongreß der ddr als gast zu betreten. ich schlage es im institut vor, es wird eingereicht, der bescheid kommt: zwei leute dürfen; ich bin leider nicht dabei. bevor ich mich aber ausführlich ärgern kann, kommt ein neuer bescheid: kein platz. keine gäste, auch keine zwei. es geht nicht. ich bewundere, wie ernst die schriftsteller in der ddr genommen werden, und diese titelseiten der tageszeitungen während des kongresses sollen die im westen erstmal nachmachen und die beiden atemberaubenden protokollbände, die hinterher erscheinen (ach verzeihen gnä frau, weshalb werden eigentlich von den westdeutschen schriftstellerkongressen keine protokolle veröffentlicht? aber frau doktor! weil die westdeutschen schriftsteller ausschließlich stuß erzählen! ach so deshalb, danke für die auskunft), also alles das: aber ich frage mich dennoch, weshalb bei den bundesdeutschen schriftstellerkongressen keiner den einlaß kontrolliert. es steht überhaupt keiner in der tür. wer sollte auch kommen.

vor der diskothek eden in leipzig steht eine dichtgedrängte traube von jungen und jüngsten personen beiderlei geschlechts, wenn sich die tür öffnet, entsteht ein drängen schieben und fallen, zwei oder drei werden von dem einlasser angeblökt, das ist der einlaß, sie dürfen die diskothek betreten. als wir es geschafft haben, gähnt vor uns ein leerer saal. der sinn der dinge stellt sich nicht beim anschauen ein.

in leipzig, dachte ich mir so, kann ich nun endlich tag und nacht defafilme kucken, aber nein, ich sitze in einem der anspruchsvollen kinos und kucke einen dieser sanftundsensiblen filme von wim wenders, kucke und bin schon selber ganz sanftundsensibel, und plötzlich läuft eine der kartenabreißerinnen vor die leinwand, starrt in meine richtung, wedelt mit den armen und zischt immer: kss kss; und da merke ich, daß ich schon selber ganz sanftundsensibel immer tiefer in den sitz gerutscht bin und nun meine knie sich an die vordere lehne stützen, ein verstoß gegen die sitzordnung.

auf einer ausstellung von kinderspielzeug macht mich eine modern gekleidete person darauf aufmerksam, daß ich irgend etwas mißverstanden habe, sie sagt: weshalb haben sie mit dieser klapper geklappert? ich sage: ich wollte sehen, ob die klapper klappert. daraufhin sagt die modern gekleidete person: aber dies ist eine ausstellung! das argument ist, zumal inmitten eines großen raumes voller kinderspielzeug, unwiderlegbar. das nichtberührendürfen der welt ist in diesem falle dermaßen perfekt getarnt, daß es nahezu einem berührendürfen gleicht. aber natürlich nur nahezu.

es gibt einen punkt, den ich bis heute nicht verstehe. die verkäuferinnen sind vergnatzt, wenn sie hundertmal am tag den satz sprechen müssen: hamwer nich. aber weshalb nur? sie haben die sachen nicht produziert, und sie haben die sachen nicht nicht produziert. weshalb?

als der loriotfilm neu ist, beschließe ich, eine karte für ihn zu erwerben. ich gehe also eines schönen maimittags zu der kasse des kinos und berichte der kassiererin im rentenalter von meinem beschluß, die 22.15 h vorstellung besuchen zu wollen. die kassiererin blafft: gegenüber! und weist in richtung himmel auf ein schild, ich kucke hoch, es ist ein schild, das nicht existiert. ich drehe mich schwankend einmal um mich selbst, das einzige schild in der vorhalle des kinos, das es gibt, trägt die aufschrift: vorverkauf. vorverkauf?, frage ich unsicher. 22.15 gegenüber! blafft die kassiererin erneut. ich gehe zu der vorverkaufskasse. die vorverkaufskasse ist geschlossen. ich kehre zu der kassiererin zurück, ernte böse blicke aus der schlange, weil ich mich nicht neu hintenan stelle, und frage: wann ist denn die vorverkaufsstelle geöffnet? die kassiererin blafft: ab zwei! steht doch dran! und weist in richtung himmel auf ein schild, ich kucke hoch, es ist ein schild, das nicht existiert. — um zwei uhr befindet sich vor der vorverkaufskasse eine schlange, die bis auf die straße reicht. das wird seine zeit dauern, also begebe ich mich zuerst zum anfang der schlange und frage die kassiererin, um ganz sicher zu gehen: hier also die karten für heute

22.15? natürlich! blafft die kassiererin und weist in richtung himmel auf ein schild, ich kucke hoch, es ist ein schild, das nicht existiert. ich stelle mich an. es dauert genau anderthalb stunden. nach anderthalb stunden befinde ich mich erneut vor dieser kassiererin und spreche die wohlgewählten worte: für heute 22.15 dritte reihe. die kassiererin sieht mich an, sagt: dritte reihe gegenüber, weist in richtung himmel auf ein schild, ich kucke hoch, es ist ein schild, das nicht existiert. — nun stehe ich also an dem ort, an dem ich schon heute mittag gestanden habe, und gerade will ich meine karte verlangen, da schließt die kasse. diese kasse nämlich macht von 16 bis 16.15 pause; die schlange vor ihr ist dafür kürzer. um halb fünf befinde ich mich im besitz einer karte für den film von loriot.

also ich gebe zu, die ddr nervt. die ddr, wenn sie manches nicht tut, was man sonst so kennt, sie nervt. sie nervt. sie nervt tatsächlich. ein beispiel noch, ein letztes.

die schauspielhausdiskothek — gott weiß, wie sie zu ihrem namen gekommen ist —, die schauspielhausdiskothek hat vor ihrem eingang ein blechgestänge stehen, so eins wie auf spielplätzen oder in museen. das blechgestänge ist zweigeteilt, es hält die kette zwischen uns und dem eingang. vor diese kette stellen wir uns, links wenn wir eine karte haben, rechts wenn wir keine haben. nun erscheint in weitaus unregelmäßigen abständen in der tür der schauspielhausdiskothek eine person. es ist die person, die immer in der tür der schauspielhausdiskothek erscheint, und diese person bellt: noch wer? dann gilt es, wie so oft im leben, auf eine unsinnige frage eine sinnige antwort zu finden. ehe aber dies geschehen kann, spricht die person, die immer in der tür der schauspielhausdiskothek erscheint: also kommse rum. das ist ja dann ein gnädiger satz. wir gehen also um das blechgestänge herum auf die rechte seite, obwohl wir keine karte haben, die person löst für uns die kette, wortlos, wir treten ein, wortlos, die brille beschlägt, heimat.

die garderobenfrau ist winzig und hutzlig, später wird sie durch die pubertierenden irren und den aufenthaltsort der götter suchen. die winzige hutzlige garderobenfrau greift um unsere riesigen mäntel und schleppt sie auf haken über ihr. unsere papierbilletts, die die gebühren abrechnen, nimmt sie am ende wieder an sich, so kann sie sie doppelt verkaufen, ihr gewinn.

und dann, wenn wir uns wenden und eine diskothek erwarten, dann ist in der zwischenzeit etwas wunderbares mit der person, die immer in der tür der schauspielhausdiskothek erscheint, geschehen: dies ist erst der vorraum, und die person hat sich hinter einen schreibtisch gesetzt. hinter diesem großen beindruckenden schreibtisch sitzt die person und gibt die karten aus. wir begeben uns zu dem schreibtisch. die karten müssen beschriftet werden. die karten werden beschriftet. die person blickt hoch und mustert die kartensehnsüchtler auf das ausführlichste. ein abschätziges gesicht wird gezogen. die karte wird unter unverständlichem murmeln ausgehändigt. dann wird die karte von uns bezahlt. dann wird die treppe von uns beschritten, die treppe, die zu der diskothek führt, nach oben. dann wird die diskothek betreten.

ich weiß nicht, vielleicht hat jede zeit und jedes volk seinen natürlichen anteil an faschisten. vielleicht muß jedes land einfach auch regiert werden. vielleicht erzeugt wirklich jede art von hierarchie auch die unsinnigkeiten von hierarchie, und vielleicht ist es einfach romantisch, in einer sozialistischen hierarchie nur den sozialismus zu erwarten und nicht auch die hierarchie.

2

der turm wird am wasser gebaut. so können die schiffe ihn sehen, groß soll der turm werden, seine spitze soll an den himmel reichen, lange wird er gebaut. dann geht es nicht mehr weiter. der turm wird nicht so groß wie gedacht. es kommen keine neuen steine. die, die einstmals an ihm bauten, bauen längst nicht mehr. allein schleppen wir die steine in die nähe des turms. dann setzen wir uns hin. es kommen leute, gehen den turm hoch, springen von ihm ins wasser. großes muß planen, sagen sie, wem kleines gelingen soll. jetzt ist es eine badeanstalt.

die kälte, mit der die personen von den errungenschaften erzählen, hat die theorie längst überholt. die metaphysische freude, die die wissenschaftler beim beschreiben ergreift, sie ist dem unerschütterlichen wissen der unwissenden nicht gewachsen. es ist der ton: der ton, in dem sie erzählen.

wenn ein plattenverkäufer viele platten verkauft, bekommt er eine hohe prämie. wenn der plattenverkäufer sehr viele platten verkauft, bekommt er auch eine prämie, gleich hoch. wenn der plattenverkäufer erst sehr viele platten verkauft, weil sehr viele da sind, und dann keine mehr, weil keine mehr da sind, bekommt er erst eine hohe prämie und dann keine mehr. er wird also versuchen, die platten gleichmäßig abzurechnen. der plattenverkäufer wird hinter seinem tresen stehen und, ehe wir unsere frage ganz gestellt haben, den kopf schütteln. ob ich dreißig platten verkaufe oder dreitausend: das macht den kohl hier auch nicht fett.

in einem neubau gibt es plötzlich ratten. die bewohner legen steine auf die klos, bevor sie es öffnen spülen sie die ratten runter, niemand weiß, wie sie in das rohrsystem gekommen sind. einer der bewohner, es ist mein freund hubert, er geht das rohrsystem ab, und siehe: es endet in der nähe einer müllhalde, und wo es endet, müßte ein deckel sein. es ist aber kein deckel da. — ob ich hier, hat sich da irgendein bauarbeiter gesagt, einen deckel drauftue oder nicht, davon wird mein lohn auch nicht höher.

zehnmal stapfe ich unter das dach des stadtbades in leipzig, um mich von miko massieren zu lassen. eine massage kostet dreimarkfünfzig, sie wird aber von der sozialversicherung bezahlt. jedesmal, wenn ich das große hallende treppenhaus besteige, muß ich an einer wandzeitung vorbei, auf der die erfolge der schwermaschinenbauindustrie des landes verzeichnet sind. ich frage miko: wer macht diese wandzeitung? er sagt: die bgl. und wer, frage ich weiter und stöhne, weil mein nacken sich nicht zwischen schmerz und wohlbefinden entscheiden kann, wer ist in der bgl? miko sagt: ich. ich frage: weshalb hängt in einem stadtbad ein bericht über den schwermaschinenbau? miko sagt: irgendwas muß doch da hängen. und nach einer pause: ich werde das mal ansprechen auf der nächsten sitzung. — ich weiß nicht, ob er es noch geschafft hat. drei wochen später ruft er seine freunde an, vom kurzurlaub in hamburg. es ist kein kurzurlaub mehr. miko ist dageblieben.

der ort der welt, auf dem die veränderungen geschehen müssen, ist die produktion. in der produktion müssen die veränderungen stattfinden. sie finden dort statt. die politische ökonomie der ddr berichtet von erträumten prozessen. wenn die rede auf die ddr kommt, hört die ddr weg.

in einem betrieb soll eine abteilung verkleinert werden, sie ist uneffektiv. die abteilung besteht aus drei personen. die mitteilung über eine verkleinerung löst bei den dreien eine panik aus. auf die uneffektivität war die leitung des betriebes allerdings erst aufmerksam geworden, als die drei sich über mangelnde arbeit beklagten. jetzt will keiner der drei gehen. jedem der beteiligten ist auch klar, wer ausgesucht würde zu gehen, wenn in der ddr das leistungsprinzip durchgesetzt wäre: eine frau, die der arbeit schon jetzt kaum gewachsen ist, bei einer intensivierung überfordert wäre. die frau ist angesichts dieses wissens vollkommen aufgelöst.

kein gespräch mit ihr und dem kollektiv, keines mit der gewerkschaft und der abteilungsleitung hilft: die frau weigert sich, die abteilung zu verlassen. der konflikt zieht sich über wochen hin. schließlich trifft die betriebsleitung die entscheidung, die alle erwartet haben: sie läßt die abteilung, wie sie war, uneffektiv und mit streß wegen unterforderung.

nachdem das jugendradio dt 64 seine sendezeit verfünffacht hat, sucht es mitarbeiter. wie sucht es mitarbeiter? es stellt einfach ausnahmslos jeden journalistikabsolventen ein, der sich bewirbt.

— aber könnte nicht sein, ein journalistikabsolvent kriegt vor einem mikrofon keinen ton raus, kann keinen dreiminutentext schreiben und bleibt sein leben lang für den rundfunkberuf unbegabt?
— ja komma das könnte sein.
— wäre es nicht angebracht, einen kleinen test durchzuführen vorher, ein paar proben zu nehmen vielleicht?
— ja komma das wäre sinnvoll.
— und?
— was und.
— führt ihr diese tests durch?
— wir können doch nicht vorher tests mit denen durchführen! das wäre ja unmenschlich! das wäre ja leistungsdruck! das wäre ja unsozialistisch! und daß wir hier zur hälfte leute haben, mit denen wir absolut nichts anfangen können, ja so stark muß der sozialismus eben sein, daß er das aushält!

bei den biologen der universität bewerben sich auf 20 studienplätze 120 bewerber. alle bewerber haben die durchschnittsnote 1. was macht man da? die 1 ist der sozialismus. sozialismus ist, wenn alle 1 sind.

sagen wir, ein wissenschaftler an einer universität ist als wissenschaftler eine null, aber politisch aktiv, sitzt in kommissionen, der gewerkschaft, der parteileitung. wie schätzen wir den jungen ein? wir schätzen ihn positiv ein. und jemandem, der ihn nicht so positiv einschätzt wie wir, den nehmen wir beiseite und sagen: nichts gegen diesen engagierten kollegen! der mann hat doch grundlagen! du hast wohl was gegen seine parteiarbeit?

der bglvorsitzende eines großen, wichtigen bahnhofs, wenn man ihn auf die nun wirklich ständigen verspätungen der züge anspricht, dann wird er ganz verlegen, dieser große schwere mann, er windet sich und sagt: ich weiß auch nicht, wir kriegen das einfach nicht so hin.

nach nähmaschinen läuft man rum. die teuren, sagt meine mitstudentin, die chemiefacharbeiterin und kinderbuchautorin birgit h. im institut, ja die teuren gibts immer, aber was kümmert mich ein zickzackstich? ich brauche eine billige maschine, und billige gibts zu wenig. der betrieb produziert lieber teure, die bringen mehr geld.

bedürfnisse aber, die erfüllt werden können, werden nicht mehr als bedürfnisse wahrgenommen, so weit ist sogar die ddrgesellschaftswissenschaft. — weil es auf arbeit hier so ist, wird es im westen auf arbeit nicht anders sein. die unlogik des satzes garantiert seine unwiderlegbarkeit.

das blöde ist, in der kosumtion ist es im westen allerdings anders. die pampigkeit der verkäuferinnen, wenn wir ihnen zu ihr auch nur gratulieren können, beeinträchtigt den blick auf den eigenen reichtum offenbar beträchtlich. im westen wird man auf arbeit zwar zur minna gemacht, ein kaufhaus jedoch betritt man siegesgewiß. das ist in der ddr anders.

in vorbereitung auf meine institutsprüfung in politischer ökonomie lese ich auch ein lehrheft über das ökonomische grundgesetz des sozialismus. das ökonomische grundgesetz des sozialismus allerdings ist in diesem lehrheft nicht zu finden. ich blättere zurück, ich blättere vor: wo steht es? schließlich finde ich, nicht einmal hervorgehoben oder deutlich gemacht, den folgenden satz:

das ökonomische grundgesetz des sozialismus hat die immer bessere befriedigung der wachsenden materiellen und kulturellen bedürfnisse der werktätigen und die allseitige entwicklung des menschen der sozialistischen gesellschaft durch die ständige entwicklung und vervollkommnung der produktion auf der grundlage der fortgeschrittensten wissenschaft und technik und der ständigen steigerung der arbeitsproduktivität zum ziel.
ich kenne übrigens jemanden, der diesen satz auswendig kann. ich habe schon überlegt, ihn zu entführen und als jahrmarktsattraktion im westen vorzuführen. — nein, im ernst: det is doch kein gesetz! det is n frommer wunsch, der übersetzt einfach heißt: es wird alles immer besser; aber doch kein gesellschaftsgesetz im marxschen sinne! — ich erzähle diese erfahrung auf einem geburtstag in der hauptstadt, eine runde von gestandenen genossen, und ich ernte mit ihr bei ihnen eine wellenartige heiterkeit, eine art freude an mythologie.

es gibt in der ddr kein leistungsprinzip, an keiner stelle. macht ein sicherer arbeitsplatz leistungsbereit? offenbar nicht. jeder kriegt einen arbeitsplatz, jeder kriegt ein geld, jeder kriegt von der vielen anerkennung hier ein gleiches stück. die schönheit des sozialismus als ständige entmutigung. — ich will gefragt sein. wenn ich gefragt bin, kann ich antworten.

warum meckert der ddrbürger ständig? weil er die welt für veränderbar hält. darin allerdings kann man sich irren. wo auf bedarf produziert wird, wird es immer einen geben, sei es ein einziger, der zu spät kommt. wo es keine arbeitslosen gibt, bleibt die ökonomie unbeweglich. nur die krisen der überproduktion erzeugen den schein von luxus. wo der gute wille herrscht, hat die bewunderung ein ende.

produktion und konsumtion haben sich in der sicht der bewohner einfach umgekehrt. weil auf arbeit sowieso alles einfach ist, beeindrucken mich die ständigen huddeleien im rest der welt umso mehr. jedes schlangestehen belastet meinen freizeitfonds. freizeitfonds! kein mensch in der ddr kann dieses wort aussprechen. aber es ist ein ständiges wort. glückliche erschöpfung, wenn die mitglieder der familie jedes den gesuchten tomatenketchup nach hause bringt, endlich für jahre eingedeckt.

übrigens gilt es in der ddr als unhöflich, zu früh von seinen privatsachen zu reden bei einer neuen bekanntschaft. ein beliebtes thema ist arbeit. — eine frau von fünfzig gibt eine bekanntschaftsanzeige auf, bekommt briefe, ruft die leute an. das erste telefongespräch handelt von der arbeit. wie man zurecht kommt, auch ob man auto fährt, gerne in den tierpark geht, und eben vom betrieb. die huddelei kennt jeder, das gespräch ist einfach, man lernt die gröbste einstellung kennen. haben sie was gegen sozialismus? nö, wieso.

könnte nicht sein, daß die reale verfügungsgewalt über die produktionsmittel ganz unwichtig wird? der kommunismus wird so hohe technik haben, die beherrscht eben nicht jeder, und wird es nicht trotzdem kommunismus sein, im vertrauen auf den, der die anderen sachen macht auf der welt?

die einheit von wirtschafts- und sozialpolitik als der erste bummelstreik in der geschichte, der von oben ausgegeben wurde.

jede gesellschaft gibt ihre metainformation. die perfektion des westens sagt dem einzelnen immer und immer: nichts geht. du kannst nichts tun. nichts. — die ungeheure schlamperei des sozialismus vermittelt plötzlich und unerwartet immer wieder diese eine und einzige information: es wird.

3

die verwechslung von staat und partei, von macht und autorität. wo liegt die macht und wo die autorität?

ein vollkommen neues, ein historisch neues und immer wieder irritierendes phänomen: die regierenden der sozialistischen länder haben recht. — sie benutzen die abgedroschensten worte, sie erläutern umständlich oder gar nicht, sie halten mit dem wichtigsten hinterm berg oder wiederholen das tausendmal gehörte: und sie haben recht.

was soll man da tun? wir lesen die reden von leonid breschnew und fragen uns, warum das nun aber alles nicht genügte? weshalb pflichten wir michail g. so leicht bei, obwohl er, lesen sie das nach, nichts anderes sagt? macht das der stil? auf den stil zu gehen, nun gut. das ist amüsant, aber nicht entscheidend. was ist anders?

marxengelslenin setzten auf den sozialismus, weil sie dachten, das neue hat dem alten schonmal voraus, daß es neu ist, und das neue ist immer lustig. — nun versucht aber das neue seit längerem, sich als ein altes zu verhalten, das nennt es stabilität. und natürlich bestehen noch immer viele siege des imperialismus einfach darin, daß er zuerst da war. wenn wir hier nur lange genug sitzen bleiben, dann setzt sich da zumindest kein anderer hin. wumm.

wenn da aber neuigkeiten geschehen, müssen wir die theorie selber machen. — in einem land, wo die kommunisten immer hinter schreibtischen sitzen, wo ist der stillstand, wo die bewegung? ist das alter der stillstand, die jugend die bewegung? ist das alter, weil es viel weiß, zum lernen nicht mehr fähig? wird die unschuld der kinder unsere hoffnung? die konzepte sind romantisch und pubertär. romantisch ist die rede an die jugend, pubertär die verachtung in die richtung der alten.

jeder, der etwas auf sich hält, schreibt im grunde immer nur einen satz: es gibt keinen zufall. dieser satz, von den kleingeistern nicht einmal begriffen, er wird, schließlich von ihnen verwaltet, zum strikten bestehen auf dem, was ist. was zu erklären nicht geht, gibt es nicht! — auch die wahrheit kann nerven.

das ewige handeln mit absoluten zahlen! jeden tag steht im nd eine flut von mitteilungen, die überhaupt nichts besagen. die fünfmillionste rolle klopapier! man soll beeindruckt sein. aber wieviel klopapier ist das denn nun? reicht es? ist es rosa? ist es bröckelig oder zart? ist es aus abfall gemacht oder mußten die armen bäume für es sterben? man erfährt es nicht. man erfährt: es ist die fünfmillionste. das ist alles.

der optimismus ist zu einem versteckspiel geworden. als hätten wir nichts besseres zu tun, fitzeln wir aus den siegesberichten die realität. immer auf der suche nach information, benutzt der ddrleser auch die abgefahrensten kommuniqués, um die tendenz der welt in erfahrung zu bringen.

erstaunlicherweise bedeuten die wörter ja etwas über ihren gegenstand hinaus. zu einer bestimmten zeit wird in der ddr von der grenze nur als von dem wall gesprochen, dem schutzwall, dem antifaschistischen schutzwall. das wort mauer gilt als verfälschend, obwohl es genau dasselbe meint. die einigung der zeitungen auf das wort wall bewirkte übrigens den sieg des anderen wortes. mit dem gebrauch der zeitungen ergab sich der gebrauch des falschen wortes. des wortes, das ganz genau dasselbe bedeutet: wand. die wand.

in den kundschafterromanen des militärverlags sprechen sogar die ciaagenten von der brdbotschaft. wie albern! die amis glauben ja in wirklichkeit fest, katharina witt sei westdeutsche, weil die in ihrem verblüffend makellosen englisch immer sagt, sie käme aus der german democratic republic, und democratic, das kann ja nur der westen sein.

ende des letzten jahrhunderts gingen die bolschewikij in den untergrund; sie sind seitdem nicht wieder herausgekommen.

wenn die probleme gelöst sind, werden die konzeptionen unklar. seit vierzig jahren erzählen die zeitungen den bewohnern des landes von dem sieg der bewohner über das land. aber unser sieg, der seit vierzig jahren nichts anderes ist als immer bloß unser sieg, er macht uns angestrengt und mißtrauisch.

ständige anwesenheit vermindert den wert. eine klugheit, die hundertmal wiederholt wird, wird endlich trivial. — empört erzähle ich im institut, daß ich in der schule den satz lernte: dialektik ist, wenn die kommunisten nicht mehr weiterwissen. da lachen sie! ein ddrkind lacht über diesen gelungenen scherz. es lacht, weil es eine wahrheit sieht in ihm. — dies ist eine erschreckende begebenheit.

kommunisten sind die, die immer die momentanen dummheiten verteidigen. wenn ich sage, daß ich in der partei bin, sagen die ddrleute: wieso, bist du für das verbot des sputnik? — das ist der irrtum der dissidenten. die dissidenten denken immer, also was ich früher so erzählt habe, das war ja mist, und da ich früher in der partei war und jetzt keinen mist mehr erzählen will, muß ich also raus aus der partei. — die partei selbst macht diesen unsinn mit. wenn ein ddrkind seinen lehrer fragt, warum um das land drumrum eine mauer steht, dann sagt der lehrer: bist du für oder gegen den sozialismus? eine ebenso erschöpfende wie idiotische antwort.

der sozialismus muß stark sein, wenn der frieden stark sein soll, und die ddr ist der sozialismus, und die führende kraft in der ddr ist die partei, und mein stabülehrer ist in der partei. wenn ich ihm also über den flur den schwamm nachtrage, dann bin ich teil der kommunistischen weltbewegung.

wo ein genosse ist, ist die partei; wo zwei genossen sind, sind zwei parteien.

in einer dummen situation hält man ja das bewußtsein der eigenen klugheit schlecht aus.

neues deutschland 9. april 1987 seite 8, ausflugstips zum wochenende. gedenklauf für ernst thälmann. der III. ernst thälmanngedenklauf wird am sonnabend in neustrelitz an der woldegker chausee veranstaltet. nach einem appell und anschließender kranzniederlegung stehen pokalläufe für frauen über 3,6 kilometer (start 8.20 uhr) und männer über 10,8 kilometer (start 8.30 uhr) sowie ein massenlauf für jedermann auf dem programm.

so bedrückend das auftreten der skinheads in der ddr ist, aber die berichte darüber erscheinen mir blauäugig. der gedankengang der kinder geht: wenn kommunismus das da ist, bin ich kein kommunist. wenn antifaschismus das da ist, bin ich kein antifaschist.

witze in der ddr sind ja theoriebildend. also: ein polizist stellt einen ausreiseantrag, das obligatorische gespräch wird geführt, der genosse hinter dem schreibtisch sagt zu unserem polizisten: was ist denn nun der grund für deinen antrag.

— ja, sagt der polizist, es sind eigentlich zwei gründe.
— zwei gründe.
— ja, zwei gründe. der erste grund ist, wenn hier alles mal ganz anders kommt, dann bin ich doch als erster dran.
— aber hör mal, hier kommt doch nicht alles ganz anders, hier ist doch alles stabil, hier ändert sich doch nichts.
— siehst du, und das ist der zweite grund.

der ddrpolitiker horst brasch hat drei söhne; einer ist in dem film solo sunny zu sehen, er hat selbstmord gemacht; einer übersetzt shakespeare und tschechow, er lebt im westen; einer schreibt wunderschöne märchenhörspiele, hier. das handbuch der volkskammer der ddr verzeichnet, im gegensatz zu den anderen abgeordneten, diese kinder bei horst brasch nicht. eine große rührung überfällt mich im buchladen, als ich es bemerke. dieses kindliche, falsche und so sehr verständliche verschließen der augen vor der wirklichkeit! wahrlich, ich verstehe es.

überhaupt erzieht die gesellschaftswissenschaft der ddr enttäuschend zum selberdenken. einem buch über, sagen wir, die theorie des geldes im kapitalismus, zieht der geübte ddrleser immer eines über, sagen wir, den verfall des dollars vor. gezwungenermaßen: weil von der theorie nichts zu erfahren ist.

es ist ja erstaunlich, wie schwer es ist, ein tabu zu durchbrechen. nicht nur darf der gegenstand des tabus nicht erwähnt werden, auch, daß da ein tabu ist, ist tabu. — im jugendradio dt 64 gibt es die reihe antwort sofort: ein experte für außenpolitik beantwortet live auf dem sender telefonfragen der hörer. ich hatte nie einen anrufer gehört, der die sprachregelungen des ddrradios auch nur andeutungsweise verletzt hätte. — am 10. januar 1989 ist es so weit. ein junger mann stellt eine frage, er stellt die frage ganz besorgt, ganz dringlich, er will wirklich eine antwort, er fragt: warum erfahren wir immer nur über die westmedien, wenn leute in berlin in der brdbotschaft sitzen, die rüber wollen, warum nehmen wir nicht selber dazu stellung? — spätestens jetzt halten natürlich sämtliche hörer den atem an. jede sekunde bete ich, daß sie nicht so dumm sein mögen und den jungen einfach abdrehen. sie tun es nicht, und die frau, die antworten soll, es ist christa schaffmann von der neuen berliner illustrierten, die frau bleibt, das tut sie richtig, ganz ruhig, immerhin ist dies ein unerhörter vorgang, und bevor dann allerdings schnell und erleichtert musik kommt, viel musik, sagt sie einen satz, sie sagt: es hat der atmosphäre zwischen den beiden deutschen staaten nie gut getan, wenn solche dinge aufgebauscht wurden, und ich bin sehr froh, daß wir über so etwas nicht berichten. — leute, das könnt ihr nicht machen. ihr könnt doch nicht siebzehn millionen ddrbürgern erzählen, daß es richtig ist, über existenzielle angelegenheiten zu schweigen. das geht nicht. das ist idiotisch. warum begreift ihr das nicht.

die kraft des marxismus, die die verhältnisse sprengen will, und die dann nicht gefragt ist, wissenschaftler klagen darüber. marxismus immer nur als ergebnis, als lehrsatz. wenn man es sich selber erarbeitet, erzählt ein soziologiestudent, sieht man, daß es stimmt. man setzt sich in die bibliothek, liest die bürgerlichen bücher und kommt am schluß wirklich zu den sätzen, die man im seminar gelernt hat. warum aber haben mir die sätze vorher nicht genügt? warum ist der marxismus nicht so fantasielos wie diese lehrer?

das blöde ist doch, daß die leute recht haben in der zeitung. wenn sie unrecht hätten, wie amüsant wäre, was sie sagen! so ist es eher abtörnend. uwe kolbe, der gerne majakowski sein möchte, leider ist er bloß reiner kunze. wenn es etwas zu kämpfen gäbe! wenn uwe kolbe aus seinen werken liest, ist da immer etwas gespanntes, etwas angespanntes, etwas das raus will, etwas das kämpfen will. aber selbst in seinem samisdat, das die zusätze zu seinem gedichteband bornholm 2 enthält, die der verlag abgelehnt hat, selbst hierdrin benutzt uwe kolbe nicht das wort zensur; und auch in der westausgabe sind die gestrichenen gedichte nicht enthalten. welche disziplin ist es, die uwe kolbe hält? es ist die disziplin dessen, der weiß, daß es keinen gibt, den man erschießen könnte.

sie kommen von der armee wieder und erzählen nichts. was soll man sagen, armee eben. ja. wenn man sie von herzen verabscheuen könnte! dann wäre alles einfach.

der student am institut, der immer lenin kritisiert, weil der trotzki kritisiert hat. in der vergangenheit kritisiert er schiller, weil er nichts für die revolution in frankreich tat. — bei diesem studenten entdecke ich eine angewohnheit, die zeitweise das ganze seminar ergreift, ein bestimmtes verziehen des mundes. unter dem normalen sichhäßlichmachen des franselbartes ist da ein angewidertsein, ein ekel. beim nebensächlichsten gegenstand kommt dieser mund, dieses verachten der welt und sich selbst.

als wir lenins schrift über den linken radikalismus besprechen, sehen die studenten immer nur stalin. die auseinandersetzung hat keinen inhalt mehr für sie, es ist aber eine auseinandersetzung, und die können sie sich nicht anders vorstellen als als machtpolitik.

im laufe der zeit werden die fragen der bewohner an das land immer unmittelbarer und unmittelbarer. wenn im institut ein physiker über die kernspaltung berichtet, fangen sie an, vom tod ihrer onkels zu erzählen.

die neueste theorie ist: stalin hat das sowjetvolk betrogen. der schauspieler! bestimmt hat er in seinem innern tief drinnen immer lachen müssen. — das ist naiv. es gibt keine lügner. die geschehnisse geschehen nicht bösartig. wenn eine ethik uns retten würde, wie einfach wäre die revolution. auf mutter teresa können wir uns alle einigen.

auf dt 64 werden jetzt immer die pastoren interviewt, wie schön sie den sozialismus finden und daß jesus nur das beste wollte. der urkommunismus! wer fände ihn nicht wunderbar? als wir noch nicht auto gefahren sind, faßten sich die menschen immer an den händen und tanzten umeinander. in ihrem grenzenlosen legitimationsbedürfnis spürt die ddr auch noch die blödesten bündnispartner auf.

die einfache umkehrung dieses vorgangs ist der ständige satz: das darf man aber nicht dogmatisch nehmen. ein schwachsinn! man darf überhaupt gar nichts auf der welt dogmatisch nehmen, wenn wir uns auf solche begriffe einmal einlassen wollen. jede klugheit kann zu einer dummheit werden, ist das ein argument gegen die klugheit?

wir haben eben hier, sagt ein ernstzunehmender mensch, keine offene gesellschaft. offene gesellschaft! was stellen wir uns unter einer offenen gesellschaft vor? ich könnte gemein sein und sagen: den westen. das stimmt aber nicht; ganz so blöd sind sie nicht mehr. ich glaube, offene gesellschaft hat etwas zu tun mit ganz ungebunden sein, den schlips ein bißchen lockern, alles bis zu ende diskutieren, dh: endlich nichts mehr tun.

eine soziologin benutzt in einem vortrag den begriff rollentheorie, ich spreche sie hinterher an und sage: det is ja nu nicht grade ein marxistischer begriff. sie kuckt mich an und sagt: wissen sie, mit der entwickelten sozialistischen persönlichkeit, da weiß auch kein mensch, was die ist. die rollentheorie knüpft immerhin an das alltagsbewußtsein an, jeder hat eine ungefähre vorstellung. daß das kein marxismus ist, weiß ich selber.

der dozent für kulturpolitik, der auf einer parteiversammlung ganz ehrlich und betrübt sagt: als der grass hier im institut war, ja da wußte ich auch nicht, was ich sagen sollte in der diskussion. ich hatte mit so jemandem doch noch nie geredet!

jemand spielt seine platten vor, eine finde ich doof, er sagt: man kriegt ja nichts anderes. — absurd! die ddr muß dann auch noch den eigenen schlechten geschmack entschuldigen. die ddr als welt. die ddr als universalschuldhaber.

ein hauptamtlicher fdjfunktionär sagt: vielleicht sollte man eine ganz neue jugendorganisation gründen.

geht eine gruppe von kindergartenkindern durch den wald. zeigt die kindergärtnerin auf ein eichhörnchen und sagt: na, liebe kinder, was haben wir denn da? meldet sich kleinfritzchen und sagt: also erstmal würd ick sagen, det issn eichhörnchen, aber wie ich den laden hier kenne, is det wieder lenin oder wer.

die kinder, die von der weltanschauung der kommunisten immer nur die blödheiten mitkriegen, sie können dann plötzlich keinerlei entscheidungen mehr treffen, eine internationale der unentschiedenheit, nihilismus als folge des schweigens. — mitstudentin gudula z. wird im radio interviewt und gefragt, was sie denn mit ihrem abschluß am institut anfangen kann. und gudula z. sagt auf diese frage: anfangen? gar nichts. — hinterher regen sich dann alle auf, daß die antwort nicht gesendet wurde. natürlich wird diese antwort nicht gesendet, sie ist ja falsch: man kann mit dem abschluß überall im kulturbereich arbeiten, verlage theater kulturhäuser, gudula selbst ist jetzt in der leipziger blindenbibliothek beschäftigt; eine tätigkeit, die sie mit ihrer ursprünglichen ausbildung als technischer zeichner nicht hätte ausüben können. — das alles weiß gudula natürlich, und die antwort meint etwas ganz anderes, etwas allgemeineres, etwas weltumspannendes: sie meint die verweigerung.

die reaktion auf die umbenennung des unterrichtsfaches wissenschaftlicher kommunismus in wissenschaftlicher sozialismus war hohn. ich habe zu mehreren zeiten, an mehreren orten diese umbenennung erwähnen gehört. der ton war der der jugendlichen, die von ihren eltern nicht mehr viel erwarten.

es ist so schrecklich: mein arbeitsplatz mein kampfplatz für den frieden? bißchen frustrierend und nicht sehr zur überschau geeignet, son mickriger arbeitsplatz. aber der witz ist, der satz stimmt und alle wissen das. der sozialismus, weil er stark ist, macht die lage zu nichtkrieg.

bloß: wenn alles, was ich tue, dem frieden nützt, wozu dann noch solimarken? wozu noch transparente an den entsprechenden tagen, wozu dann noch sich anstrengen? die prästabilierte harmonie des sozialismus hat etwas entmutigendes. denen es mit der revolution nicht schnell genug geht, sie reisen dann aus, ganz logisch richtung westen.

es gibt eine einfache probe. frage jemanden nach seinem ideal und frage ihn nach der wirklichkeit. wenn er beginnt, sein ideal zu besingen, geht es los. wenn er über die wirklichkeit lamentiert, vergiß ihn.

ich habe leute mit ausreiseantrag marxistisch argumentieren hören. ich habe gesehen, wie schwule ihr land verteidigten in den durchgeredeten nächten, das land, das sie keine schwule zeitung haben läßt. ich weiß, wie immun die ddr gegen james bond ist, den sie im fernsehen kuckt. die entwickelte sozialistische gesellschaft, die entwickelte sozialistische persönlichkeit: wenn das idealistische wort reife einen inhalt hat, dann hier.

der taubstumme russe, in meiner wohnung sitzt er und zeichnet lenin.

4

chris doerk kommt gehopst über den staudamm und wirft ihre arme und singt ein lied, das wasser unter ihr singt mit, sie tanzt ein bißchen und lacht und alle sehen sie.

auf der treppe der sbahn friedrichstraße geht käthe reichel. sie wird von einigen erkannt, die ihr begegnen. ein großer mächtiger mann fragt sie verlegen um ein autogramm. sie bleibt stehen, stellt eine leere flasche ab, die sie getragen hat, sie holt eine karte aus ihrer weinroten handtasche und gibt sie dem mann. der nimmt sie, erklärt etwas, sie nickt. sie hat die haare mit einem gummi zusammen. als der mann schon wieder vorbei ist, ruft sie ihm noch etwas hinterher mit dieser berühmten stimme, freundlich. die sonne scheint.

thomas nimmt immer jutta zum spielen. jutta spielt mit jürgen. jürgen nimmt immer hermann zum spielen. dann spielt hermann den mann von jutta. bei fritz spielt hermann den mann von hildegard. hildegard spielt wen vom widerstand. jutta spielt auch wen vom widerstand, käthe hilft ihr, jürgen ist auch dabei. dann spielt jutta die tochter von trude, trude liegt im bett, ihre tochter ist ruth. ruth spielt mit katja wen auf arbeit, katja ist die frau von alex. alex nimmt immer katja zum spielen. einmal spielt katja liebe zu dietrich, dietrich spielt den professor von simone, simone spielt, daß sie martin versteht. ein andermal prügelt martin sie, dann wieder prügelt er kathrin, kathrin hat ein verhaltensgestörtes kind, das kind spielt nicht. kathrin wird betreut von jaecki. dann ist jaecki ein grenzpolizist, er trägt immer eine brille, auch jetzt. oder jaecki will franziska heiraten oder franziska ist die tochter von rolf oder rolf ist der mann von marita oder marita läßt sich im fernsehen interviewen. das fernsehen interviewt auch agnes, agnes spielt bei manfred und matthias, manfred und matthias sind jetzt weg. manfred und matthias haben viel mit ursula gearbeitet, jetzt spielt ursula die königin von dieter, dieter spielt den gegner von christian. alex hat sie eingesetzt. alex nimmt immer christian zum spielen.

mit jutta hat er noch nie gearbeitet.

wen nichts mehr überzeugt, wer gar nichts weiß und auch nichts wissen will: den nehme ich an die hand und zeige ihm die interviews, die heiner müller der welt gibt. die einfachheit, ja zärtlichkeit, mit der müller in der ddr die gedankengänge entwickelt, endlich sie ist der beweis für die existenz der zukunft. den dummbatzen des westens gegenüber, wie intellektuell sie auch immer sich gerieren, wie antwortet man? in rotzigkeit. es ist kein wunder.

der ddrleser hat bei einer zeitung noch die vorige im kopf, er kennt den unterschied zwischen der schreibzeit und dem erscheinungsdatum, er greift hinter sich, und weil er hinter sich greift, kann er weit nach vorne ausholen.

niemals hätte ein bundeskanzler die figur nummer eins bei heiner müller werden können, und niemals hat die brd auch nur solche texte hervorgebracht. hampelmänner werden anders behandelt als könige.

im radio, helga hahnemann feiert sylvester, wir können sie anrufen, sie sagt, ich grüße alle und ruft mich doch an. es haben viele angerufen, sagt helga hahnemann, nachtschwestern postler straßenbahnfahrer familien, und meine soldaten. auf dem posten, sie hören sie, helga hahnemann, auf diesem hellen streifen, die knarre in der hand und sind unser. — wer über armeen nicht reden mag, soll über den sozialismus schweigen.

weshalb aber ist die ddr in der ddr vollkommen unbekannt? als ich mitkriege, daß michael, mitarbeiter bei dt 64, noch nie dessen morgenprogramm gehört hat, fühle ich mich doch leicht verscheißert. was ist da passiert?

kunst möchte loben, personen wollen bewundern. und was geht am leichtesten zu bewundern? das entfernte, das nichthiere, das kaum bekannte. wenn beim rockkonzert einer oben ruft: seid ihr alle da?, und man soll rufen: ja!, dann hat man das so gewollt. wenn aber der, der da oben ruft, vielleicht bloß eine straße weiter wohnt, dann kriegt das ganze doch etwas peinliches. die aura, so sehr wir sie uns wünschen am andern, richtig da ist sie bloß bei leuten, die weit weg sind und nur kurz hier. — wenn das lied gabi von pankow aufgelegt wird, dann singt der ganze geburtstag und freut sich. säße da plötzlich der texter des liedes mitten unter uns: wir sängen wohl nicht mit dieser hingabe. die nähe macht verlegen, einer von uns wird nicht so bejubelt. das ist das charisma. — ich kenne jemanden, der hat, als er mick jagger auf einer bühne angesichtig wurde, in die hose gemacht. hätte er auch in die hose gemacht, wenn er sonnabends mittags immer mick jagger in der kaufhalle treffen würde?

tino eisbrenner kuckt ganz grantig, als ich ihn einmal in berlin sehe, in einem park an einem hellen tag, ich stieß rödger an, der neben mir war, ich sagte: der sieht aus wie tino eisbrenner, rödger sagte, wer ist tino eisbrenner, ein impuls von mord war für eine zehntelsekunde in mir, ich sagte: das ist wirklich tino eisbrenner, ich blieb stehen, rödger sagte: was ist denn, tino eisbrenner kuckte zu uns, total grantig, dann ging er vor uns schräg durch den park, wie gesagt war es hell.

als ich iris gusner frage, wer in ihrem ersten film mitgespielt hat, den ich gar nicht kenne, da überlegt sie kurz, sagt: ich weiß nicht, sagt: na so ddrschauspieler eben. — immerhin zum beispiel karin gregorek, erfahre ich später. aber ich glaube, iris gusner weiß nicht, wer karin gregorek ist.

barbra streisand und karin gregorek, ich will nicht sagen, daß eine von ihnen besser ist als die andere, man soll schauspieler nicht demütigen. aber karin gregorek kann etwas, das barbra streisand nicht kann, und ich rechne fähigkeiten niemals personen an, sondern immer der welt. — barbra streisands film mit dem titel nuts — streisand hat diesen film selber finanziert, leider werden schauspieler in der ddr nicht so reich, daß sie ihre filme selber finanzieren können —, dieser film also wäre schon sehenswert allein der allerersten einstellung wegen, die die hauptdarstellerin des filmes zeigt (barbra streisand). in dieser einstellung sieht man einen wuschelkopf — der kunstvoll gewuscheltste wuschelkopf der filmgeschichte —, und aus diesem wuschelkopf, der sich also bewegt und dann abwendet, kommen auf einmal die augen von barbra streisand und kucken. was ist genie? genie ist, wenn man gehen möchte, weil es so schön ist. — in dem film wirwollenallechristensein von lothar warnecke spielt die chronisch unterschätzte karin gregorek leider nur die dritte oder vierte hauptrolle; immerhin wird sie für sie für den europäischen oscar nominiert. in diesem film findet ein streit statt — der verschenkteste streit der filmgeschichte —, und zu diesem streit kommt karin gregorek dazu und spricht einen einzigen satz. es ist der satz einer königin. alles an gregorek ist königin. — in dem theaterstück die binsen steht gregorek, als sie einmal nichts zu tun hat — hier allerdings wirklich in der hauptrolle, weil das stück ist ja auch von hacks —, steht sie einmal am rande des bühnenbildes, lehnt sich hinten an, verschränkt die arme und kuckt in das publikum: sie macht ihre augen ganz klein, senkt den kopf und zieht ihren berühmten flunsch. sie kontrolliert quasi das publikum. drohend kuckt sie, ob das publikum auch lacht. gregorek steht und hält das publikum in schach. — die aussage des films von streisand ist reaktionär. dieser ganze psychologische quark läuft ja immer und immer auf bestätigung hinaus. zwar ist die welt grauenhaft, aber ich komme eigentlich gut zurecht. — die aussage der kunst von gregorek ist utopisch. wenn es personen gibt wie mich, kann nicht alles verloren sein. — man soll die welt nicht gegeneinander aufrechnen. aber wenn ich mich erschießen lassen müßte für eine der beiden genies; ich wüßte es.

ernstludwig petrowski erzählt, wie er das erstemal in amerika aufgetreten ist, und stand also hinter der bühne und hörte den ansager ansagen: and now, nicht wahr, and now the famous gdr-jazz! und petrowski dachte, erzählt petrowski: famous gdr-jazz! das wußte ich ja gar nicht!

in den zeitungen stehen immer die meldungen, wer alles in der weiten welt war von uns und dort bejubelt wurde. diese meldungen sollen bedeuten: man braucht gar nicht wegzufahren! das grauenhafte wie immer: es stimmt.

wenn roswitha trexler in new york singt, liegt ihr die stadt zu füßen. der liederabend in leipzig ist leider nicht ausverkauft. roswitha trexler wohnt in leipzig. auf der straße kommt sie mir einmal entgegen, mein blick bleibt an ihr hängen, sie sieht es.

editha gruberovà, werde ich einmal gefragt, weshalb ist die im westen berühmt? sie ist im westen berühmt, weil man bei ihr zwar niemals den text versteht, sie das jauchzet gott in allen landen von bach aber singt, als jauchze sie gott in allen landen. und was der westen gut findet, kauft er sich. das ist alles.

manchmal ist der westen auch blöd. ein paar tage bevor ich nach leipzig gehe, geben uschi brüning und ernstludwig petrowski in einem tonstudio im hohen norden von westberlin ein konzert, und ich bin einer von den zwei gästen, die bezahlt haben. es gibt dieses konzert später auf platte, wird die plattenfirma von millionären gemacht?, ich weiß es nicht. ich kaufe die platte.

kunst in der ddr ist ja keine frage des eintrittspreises. subventionierte kultur, das heißt zb, daß klassikplatten natürlich billiger sind als schlagerplatten. ich gehe ins kino hier für eine mark fünfzig; merkwürdigerweise sind die kinos nicht voller als in westberlin. — ich glaube, die wirkung der eintrittspreise ist anspruch. die leute sind anspruchsvoll, man bleibt nicht im theater, bloß weil die karte so teuer war. — ein buch ist nicht teuer, wenn es gut ist, ein buch ist selten. es gibt autoren, deren bücher liegen in den buchhandlungen wochen und monate, von manchen mehrere. dies ist das zeichen von äußerster erfolglosigkeit.

das geheimnis ist: kunst weiß alles. über selbstverständliches redet man nicht. das ist, warum die ddr über sich schweigt.

der schriftsteller platon ist mit einem gedankengang berühmt geworden, an dessen ende die verurteilung jedweder literatur steht. platon sagt: literatur erzählt geschichten, geschichten geben ein beispiel, das beispiel soll erziehen. wenn die geschichten aber von der welt erzählen, und wovon sonst sollten sie erzählen, dann geben sie also ein schlechtes beispiel, denn die welt ist nicht ideal. wenn ich jemanden zum ideal hin erziehen will, darf ich ihm also keine geschichten von der welt erzählen. — hierauf, auf diesen gedanken, gründen sich die klassik und die zensur.

alle literatur formt die welt, und alle form ist form in richtung auf das ideal. die romantische antwort auf die klassik lautet: aber die welt ist eben doch schlecht, ätsch. ich bin der beweis! — das intresse der romantik ist immer ein stoffliches intresse. romantik sagt: solange es hier um die ecke jemanden gibt, jemals gegeben hat oder geben wird, dem es nicht genauso gut geht wie mir, solange muß ich mich um jeden einzelnen von ihnen kümmern. die aufgabe! sie ist leider meist die aufgabe meiner selbst.

klar ist: beide kunst kann von kommunisten verübt werden; es gibt keine reaktionäre kunst. der romantische impuls wirkt vielleicht sogar politischer: alles muß anders werden! klassik arbeitet nicht nur aus der negation. klassik ist der versuch, ja zu sagen.

an dieser stelle: bei jeder einzelnen der einzelheiten dieses buches könnte ich mich abwenden und sagen, sozialismus ohne mich. allein daß, sagen wir, wolfgang harich im gefängnis gesessen hat, könnte ja auch das ende sein jeder kunst. dieses ende wäre, wenn wir nicht streng sein wollen, ehrenwert. es wäre kindisch. unter dem gesichtspunkt der moral bleibt von der bisherigen welt nicht viel übrig, und ich selbst ende wie der dreijährige, der sich auf die straße wirft und nur noch brüllt. ihn in dieser situation nun auch wieder anzubrüllen, wäre falsch. wir nehmen ihn auf den arm, trösten ihn oberflächlich und gewöhnen ihn langsam an die welt. manchmal gibt es auch einen kuß.

der witz an dem gedankengang von platon ist, er steht in dem abschnitt, in dem die frage diskutiert wird: wie macht man menschen zu wächtern des staates? denn ohne wächter, also ohne soldaten, funktioniert unser staat, so schön wir ihn auch erträumen, noch nicht.

ich habe leute nie verstanden, die vor dem tod erschrecken. jeder moment des weges ist teil des ziels. der sozialismus wird noch eine weile dauern, und mit ihm der umstand, daß er kein kommunismus sein kann. hegel ist ein ddrautor.

die fünfziger jahre waren die zeit, da die ddr von schriftstellern bewohnt wurde, die die welt formen wollten. das erstaunliche ist, die ddrliteratur war am besten, als sie die gefahr des konzepts durchschaut hatte und es noch nicht aufgegeben. — dieser punkt waren die siebziger jahre. unglücklicherweise fiel er zusammen mit den siebzigern des westens, die plötzlich ermöglichten, daß die klugheit der ddrautoren dort wahrgenommen werden konnte. prompt kam der november 76, und jetzt sitzen also die reingefallenen im westen und wundern sich.

in den siebziger jahren gab es in der ddr noch politische kunst, schlager zum beispiel. es fängt ja alles erst an!, ein wunderbares lied. abends in der stadt, frank schöbel selig und chris doerk, konnte nirgends anders als in der ddr entstehen. der schlager zum fünfundzwanzigsten republiksgeburtstag hieß: dieses jahr dieses jahr; ich höre ihn heute noch. electra sang: weiter weiter geht die straße!, ein unvergleichlich optimistisches lied, ohne jede dummheit. heute gibt es diese zeile wieder, silly singt: weiter weiter weiter, und es ist ein ganz schleppendes gefühl geworden, etwas wie den wagen ziehen, ziehen müssen, eine entwicklung, die die kunst mitmacht, wie alles.

ich gehe in einen neuen defafilm, der gerne neunzehnhundert von bertolucci sein möchte, leider ist er bloß wengler & söhne von rainer simon. in der leipziger premiere sitzt eine kompanie soldaten, ich vollkommen gelähmt mitten unter ihnen, ein erlebnis. wenn anzügliche stellen kommen — was man in der ddr so anzüglich nennt —, erfüllt ein orkan meine sanften ohren, und ich vergehe. jedenfalls: hinterher ist auch ein zuschauerforum, ich tapfer dabei, die filmschöpfer stellen sich dem publikum. hier erfahre ich, daß rainer simon identisch ist mit dem regisseur der filme sechse kommen durch die ganze welt, till eulenspiegel und wie heiratet man einen könig, einzigartige filme aus den frühen siebzigern, ganz heitere, ganz souveräne kunst, die die ddr so klug lobt, wie noch kein land gelobt wurde. — und jetzt das? ich erzähle rainer simon auf dem forum von dem effekt, ich frage: woher der abstieg, woher die zerfaserung, was ist in den fünfzehn jahren geschehen? rainer simon wird auf diese frage ganz verlegen und kuckt runter, und das publikum, es lacht. — was ist geschehen?

der größte roman des deutschsprachigen zwanzigsten jahrhunderts, leben und abenteuer der trobadora beatriz von irmtraud morgner, war gerade erschienen, da saß in der wohnung des direktors der hannoverschen stadtbibliothek die damalige ddrbürgerin bettina wegner und sagte: ich glaube der morgner kein wort. — damals war ich vollkommen frappiert. konnte es das geben? ich verstand den vorgang nicht.

die angst vor der klassik. einmal frage ich eine niederländerin, ob sie die schauspielerin cox habbema kennt. natürlich, sagt sie, warum?

— weil ich wissen möchte, wie sie sie finden.
— sie spielt, sagt die niederländerin, sie spielt arrogant.
— arrogant?
— ja, sie ist so selbstbewußt.
also jemand, der sich souverän bewegt, der meint das nicht etwa als aufforderung, sondern er will mir angst machen, weil ich, ich bewege mich nämlich kein bißchen souverän. deshalb. — sowas nennt man eine sich selbst erfüllende prophezeiung.

was wird aus der ddr, wenn die haltung von inge keller verschwunden ist? weil die fabrikbesitzer nach dem krieg alle in den westen abgehauen sind, gibt es die kultur der bürger nur noch in gestalt von stephan hermlin und jürgen kuczynski. was ist, wenn die auch noch sterben? schon heute kann man auf der straße einen leitenden mitarbeiter an der akademie der wissenschaften nicht von einem autoschlosser unterscheiden. das ist faszinierend und befremdlich.

kunst, die bilder gibt, zuversicht, gewißheit. und erzähle mir keiner, das publikum habe verlernt, bilder zu erkennen in kunst. die amerikanische trickfilmserie familie feuerstein lebt davon, daß das leben der mittelschicht als steinzeit getarnt wird. das publikum setzt sich vor einen hitchcock und hat mit der welt von hitchcock nicht das geringste zu tun und alles. das publikum kann bild und realität glänzend auseinanderhalten. es weiß es nur nicht.

und welches land sonst hat einen gedichtband hervorgebracht, dessen unglaublicher titel lautet: odysseus in ithaka.

ich besitze eine anzahl von büchern, die braucht man nur aus dem regal zu nehmen und, ohne sie aufzuschlagen, herumzudrehen und den papierschnitt anzukucken. da sieht man dann schmale graue streifen, da sieht man dann die abgegriffenen blätter. das sind die stellen. wie ein pubertierender schwuler in allen büchern immer die schwulen stellen sucht, so wartet die zensur immer bloß auf das anstößige.

eines tages kommt zu dem verleger des westdeutschen verlags der autoren der westdeutsche autor botho strauß, hält sein neuestes stück hoch und sagt: jetzt werde ich den leuten hier mal zeigen, was ein richtiger porno ist. das ist das stück kalldewey farce. genau einen tag später kommt zu demselben verleger desselben verlags der autoren der ddrautor heiner müller, hält sein neuestes stück hoch und sagt: jetzt werde ich den leuten hier mal zeigen, was ein richtiger porno ist. das ist das stück quartett. das stück quartett, wenn wir einmal die wörter der welt benutzen wollen, ist ein antifeudalistisches stück. es kann in der ddr offenbar nur deshalb weder gedruckt noch aufgeführt werden, weil es obszön ist. übrigens bleibt seine obszönität dermaßen kunstvoll, daß eine regisseurin, der ich bei der inszenierung des stückes hospitieren durfte, sie nicht verstand. die schauspieler mußten sie ihr erst erklären. aber natürlich sind ddrzensoren klüger.

der effekt ist verstärktes blättern. intressantheit wird durch anruch erzeugt. — brechts sexuelle sonette wurden zuerst in der sammlung gedichte über die liebe veröffentlicht, also mit seinen bekannten sachen zusammen. ich hielt das anfangs für die übliche geschäftemacherei, aber vielleicht wollte der herausgeber den sensationseffekt mildern; er wollte die liebesgedichte als ganzes gelesen haben. das ist klug. aber ich glaube, es hat nichts genutzt. gegnüber einem verbotenen gedicht wird das erlaubte immer verlieren. das erlaubte verschwindet völlig. das verbotene wird übermächtig.

irgendwann wurde mir klar, daß der satz: die ddr ist blöd, in der ddr niemals gedruckt werden kann. es ist vollkommen egal, in welchem zusammenhang dieser satz auftaucht: er ist in der ddr nicht druckbar.

der ddr ist alles nur inhalt. — als es im fernsehen der ddr noch gegenwartsfilme gab, inzwischen ist die abteilung gegenwart ja aufgelöst, da wurde auch ein film über eine junge frau geschrieben, gedreht und gesendet, die einen selbstmordversuch macht und nun diesen film lang gerettet wird. ich hatte von diesem film vorher gehört, ich schaute also in die fernsehzeitung ff dabei, eine ankündigung zu lesen, und da stand dann irgendwas von schwerer krise oder entscheidendem einschnitt im leben oder so, desgleichen in den ankündigungen der tageszeitungen. also immerhin war selbstmord das thema des film, und wie gesagt, spielt diese anekdote zu den zeiten, als das sowohl gedreht als auch gesendet wurde: aber nicht angekündigt! — gerade neulich gab es ein hörspiel über einen schwulen jungen, meine güte war dieses hörspiel blöd, aber jedenfalls: mehrmalige, mehrortige ankündigungen, und kein sterbenswörtchen von homosexualität; um die es eine geschlagene stunde lang ausschließlich ging! — und diese schamhaftigkeit ist, wir kommen zur these, ist eine folge der verinhaltlichung von kunst. wo kunst nichts anderes mehr ist als mitteilung, wird sie natürlich umstürzlerisch. wenn kunst wirklich plötzlich etwas kann, das kein anderer kann, ja dann muß ich das natürlich sofort unterbinden. das ist vollkommen klar.

zensur ist der versuch, die welt besser zu machen als sie ist, ohne sie zu ändern. — ein beispiel dafür ist das motto von manfred krug vor dem fünften kapitel dieses buches. ich habe es nicht vollständig wiedergegeben, abgedruckt ist nur die erste strophe. der refrain ist, gelinde gesprochen, unbefriedigend, er gibt keineswegs eine antwort auf die in der strophe gestellte frage. ich habe ihn weggelassen. — darf man das? darf man auswählen? darf man sich die welt aussuchen? ich mache es kurz. die antwort lautet ja.

die rührenden versuche der kulturpolitiker, den künstlern zu glauben in ihrem drang nach reinheit! besonders enttäuschend immer, wenn die zensur mal nicht aufpaßt. ich habe mir meter von büchern gekauft, weil die irgendwann verboten waren. vergiß es. wir halten die westfassung der kassandravorlesungen neben unser exemplar, lachen über die hauptverwaltung und weinen über frau wolf. wenn das alles ist. traurig.

und auch in mir steckt ein kleiner zensor und streckt den blöden westsachen die zunge raus. soll ich meiner mitstudentin grit p. wirklich den mystischen mist mitbringen, den sie auf ihren zettel schreibt und mir gibt mit einem 50dmschein? natürlich bringe ich ihn mit, mich in grund sowohl als auch boden schämend vor dem zollmenschen, der die merkwürdigkeiten hin und her wendet und sie mir dann mit einem ausdruck zurückgibt, den ich auf seinem gesicht gerne nicht gesehen hätte.

übrigens gibt es in der ddr auch reaktionäre literatur. die muffige prüderie der aktposter am zeitungskiosk, die blendende fantasielosigkeit der zeitungskommentare, das eklige festhalten an bekanntem, es gehört wohl zur welt. und wer hätte gedacht, daß es in der ddr einmal einen schlager geben würde mit dem refrain:
das wird immer so sein
das wird immer so bleiben
dieses wunder zu zwein
unerklärbar ist liebe. —
immer wieder nett auch, wenn ein rundfunksprecher einen satz einleitet mit: mal ganz salopp gesagt; und was kommt, ist dann alles andere als ganz salopp.

die berichterstattung im nd über, sagen wir einen kongreß der bildenden künstler etwa, liefert informationen ausschließlich über den berichtenden. man erfährt, wie das neue deutschland den kongreß findet. das ist alles. und so wichtig sind die zeitungsredakteure ja dann auch nicht, daß man nun bis ins einzelne verfolgen will, wie sehr sie die welt denn neuerdings wahrnehmen. ich habe intellektuelle getroffen, die sich weigern, eine tageszeitung zu lesen.

besonders absurd wird es, wenn man dabei war, worüber die zeitung berichtet. ein schweriner poetenseminar wird mit einem vortrag zur friedensfrage eröffnet, der nahtlos in das allgemeine wehgeschrei paßt, bloß daß er ein bißchen provokant aufgemacht ist, also ein kleines bißchen. das nd berichtet über diesen vortrag einen satz lang, der satz lautet: gedanken zu dieser hochaktuellen thematik äußerte in seinem eröffnungsvortrag auch dr. pi pa po, der sich am institut für dies und das speziell mit fragen der europäischen abrüstung beschäftigt. welche gedanken? welche gedanken um himmels willen? hochaktuelle thematik? wo denn bloß? wir erfahren es nicht. niemals erfahren wir es.

1986, 1987 und 1988 bekommen nacheinander christa wolf, heiner müller und volker braun von der regierung der ddr jeweils 100 000 m geschenkt, mit einer büroklammer drangeheftet den nationalpreis 1. klasse. zum dank veröffentlichen sie jeder ein buch ganz allein im westen, und zwar aufsätze und reden. alle drei. — was ich sagen will: natürlich wird die ddr demnächst damit anfangen, ihre autoren zur kenntnis zu nehmen; alles andere wäre albern. aber ist nicht ihr bemühen wirklich rührend, probleme lieber zu ignorieren statt wenigstens erstmal auszuhalten? ich finde das liebenswert. es ist falsch, natürlich: und lieb.

drei wochen, nachdem ich für diesen essayband von volker braun einem linken buchladen in westberlin zehn westmark in den rachen geworfen habe, stoße ich in leipzig auf die ddrausgabe für einemarkfünfzig. volker braun hat also auch diesmal mit der publikation gewartet, bis die ddr soweit war; eine disziplin, die mich mit achtung erfüllt.

adolf endler ist jetzt dazu übergegangen, seine texte mit anmerkungen zu versehen: information vom soundsovielten soundsovielten, erlebt am soundsovielten; leider werden die dinger nur im westen gedruckt, wo sie sowieso keiner versteht; ich selbst hatte schon die ehre, seiner lektorin seine texte zu erklären.

adolf endler ist natürlich auch vollkommen außerhalb jeder diskussion. wie kann man jemanden kritisieren, dessen texte nicht vollständig in seinem heimatland vorliegen? man kann ihn nicht kritisieren. seit schatrow im nd immer angegriffen wird, kann man sogar schatrow nicht mehr kritisieren.

schatrow, das ist der, der sich immer in leninstücken äußert. es gibt leute, die äußern sich in butterkremtorten, es gibt leute, die äußern sich in schlagertexten, und es gibt leute, die äußern sich in leninstücken. das ist michail schatrow. seine stücke sind schrecklich. an ihnen ist mit gruseliger deutlichkeit die gesellschaftliche entwicklung in den letzten dreißig jahren der udssr abzulesen. kein lenin gleicht dem anderen, wo schatrow hinschreibt, wächst kein lenin mehr. welchen lenin wir da seit april 85 haben, kann ich mir lebhaft vorstellen, jedenfalls gibt es ihn aber seitdem nicht mehr auf deutsch. wie soll man da noch kritisieren? (einschub: natürlich gibt es schatrow doch auf deutsch, der westen würde sogar das kommunistische manifest groß rausbringen, wenn es in der ddr verboten würde. übersetzt hat schatrow ein mann, der mir vor einiger zeit einmal gegenüber saß und sagte: alle dissidenten werden vom cia bezahlt. jetzt ist er selber einer. ob er vom cia bezahlt wird?)

also, man darf von einem text nicht mehr den hintergrund analysieren, nicht mehr die haltung des autors, nicht mehr dessen politische meinung, weil immer hat man angst, daß die hauptverwaltung kommt und sagt: wenn das so ist, können wir das aber nicht drucken! die rezensenten reden längst nicht mehr vom inhalt, und von der form zu reden, haben sie vor dreißig jahren verlernt.

als im westfernsehen der sowjetische film die reue gesendet wird, erscheint am andern tag in der tageszeitung der fdj ein verriß. über diesem berühmt gewordenen verriß, auf derselben seite gleich obendrüber, prangt ein interview mit dem westberliner schlagersänger roland kaiser. weil, ein interview mit roland kaiser ist ja etwas, auf das wir uns alle einigen können.

so hat die ständige verinhaltlichung denselben, fürchte ich, effekt wie entinhaltlichung. da alles so aufregend und umstürzlerisch ist, müssen wir es leider verschweigen. deshalb ist auch gar nichts mehr aufregend und schon gar nicht umstürzlerisch, bzw. alles.

der exschriftsteller max walter schulz hat jetzt einen intressanten neuen beruf ergriffen, er ist literaturentschuldiger. sobald in der zeitschrift sinn und form eine literatur erscheint, kommt unten eine fußnote und max walter schulz entschuldigt sich.

die wirkliche gefahr ist natürlich, daß literatur einmal nichts mehr gelten könnte. wer nur die mitteilungen liest, dem wird der text egal. es darf dann auch geradebrecht werden, es darf dann auch das künstliche fragment sein oder der authentische bekenntnisbericht. bäh! zum glück ist es noch nicht soweit.

eine journalistische äußerung gibt sinn nur in einer zeitung. derselbe satz in einer oper, hier gibt er ein bild von der ganzen welt. ein journalistischer satz in einer oper ist falsch. das ist das problem der ddrliteratur.

seit neuestem, also seit ungefähr zwanzig jahren, wird auch in der ddr die gute alte tradition der grundtraurigen geschichten weitergeführt. die ddr, klug wie sie ist, hat natürlich gleich gemerkt, was da auf sie zukommt, und sich rechtschaffen gewehrt; wir alle erinnern uns des streites um christa wolfs peinlicherweise christa t. genanntes buch (ich war damals acht). — nun ist depression ja nie aktion, sondern immer nur reaktion. die hopsenden fünfzigerjahrehelden der früheren bücher waren vielleicht derselbe schwachsinn in rosa, aber warum auf einen schwachsinn mit einem schwachsinn antworten? heute ist es so, wer nicht weint, ist unglaubwürdig. das debile lallen der selbsterfahrung hat sich auch in der ddr durchgesetzt, und ich durfte es auf meine jungen tage noch erleben, daß in den leipziger buchläden ein buch liegt mit dem klassischen titel: betroffen. — kunst, die immer schlimme geschichten erzählt. ja, sagen dann die jungen leute, ein leben lang auf den kommunismus warten, das ist mir ja zu lange! ich habe mir den sozialismus gar nicht ausgesucht! mein opa sagt immer, er hat sich den sozialismus ausgesucht, er hat ihn ja gewollt, aber ich? als wenn sich irgendjemand auf der gesamten vorhandenen welt dieselbe ausgesucht hätte! ich vermute, fünfundneunzig prozent der menschheit wären lieber als depridichter in der ddr auf die welt gekommen als als das, was sie jetzt sind. aber depridichter finden alles immer nur depri, besonders sich selbst. der begriff hineingeboren als ausdruck äußerster idiotie.

wird die ddr es je schaffen, ein diskolied herzustellen, das mit dem superhit ymca mithalten kann? ymca, das heißt übersetzt christlicher verein junger männer, und im stampfrhythmus werden dessen initialen gesungen, eine ironie, die in hemmungslose bejahung übergangen ist. fdj fdj! ist solch ein lied möglich? — ich trage lenin am revers, und vermutlich halten mich 49 prozent der leute in leipzig für verrückt und weitere 49 prozent für einen punk. der rest ist meine hoffnung.

sehen sie zum beispiel diese geschirrtücher. ja, nehmen sie sie ruhig in die hand, befühlen sie das weiche, sehen sie die ausgewogenen farben leuchten, aah!, nicht wahr, die westler kaufen die dinger haufenweise. so. nun gibt es aber bloß diese eine sorte hier. da kann das zeug so gut sein wie es will: es wird langweilig. nichts zu machen mit farben und geschmeidig. keiner kauft den dreck. nu rede du.

betroffensein, die feier der ohnmacht. härte gilt als unverzeihlich. wer unter der unleidigen welt nicht ausschließlich leidet, gilt als abgebrüht, nichtmal das: als unehrlich. die weichheit des augenverschließens ist zu verlockend. wer die dinge weiß, macht sich schuldig.

heiner müller schreibt keine stücke mehr, christa wolf bloß noch reportagen. die kulturwissenschaft auf der suche nach selbstverwirklichung, die literatur im dunkeln. das schreckliche als anregendes detail. die sehnsucht nach unmittelbarkeit als verkümmerte erinnerung an gemeinsamkeit, streicheln als sozialismusersatz. jeden montagabend der psychologische ratgeber auf dt 64. — manche menschen haben sehr viele probleme, manche menschen eins weniger. diese geben denen mit den sehr vielen problemen ratschläge. die ratschläge können ein ganzes leben füllen. die therapie ist das ziel der therapie. zufriedenheit ist, wenn ich von einer straßenseite auf die andere komme, ohne umzufallen. die bescheidenheit. kein weg mehr, nur noch wanken. — ein buch, das sechs auflagen lang lyrik der ddr hieß, heißt ab der siebenten plötzlich: die eigene stimme. man kriegt richtig mitleid! die gesamten vierzig jahre ddr waren zu nichts anderem gut, als daß irgendein popeldichter das gefühl gekriegt hat, nicht mehr mit einer ausgeborgten stimme seine abgebrochenen zeilen aufs papier zu quälen, sondern eben mit einer eigenen. na glückwunsch.

es erscheint ein buch für kinder, mit abzählreimen, berlinisch. als illustrationen verwendet der verlag zeichnungen nicht für kinder, sondern von kindern! ein ästhetischer irrtum. wie ein kind malt, weiß ein kind doch! ein kind will die welt sehen, wie jeder vernünftige mensch, und nicht bloß sich selbst.

die sprecher bei dt 64 (dt 64, das heißt übrigens deutschlandtreffen 1964, 1964 wohlgemerkt!, drei jahre nach der mauer, da haben die hier noch deutschlandtreffen veranstaltet, gute alte naive ddr!; jedenfalls:), die sprecher auf dt 64 haben sich angewöhnt, beim ende ihrer sendung immer zu sagen, also ich hab feierabend, ich gehe jetzt in die kantine, ich gehe jetzt nachhause, für mich ist der tag vorbei, ich habe dann und dann wieder moderatorendienst. — auch dies ein irrtum im medium. wir sind alle nur malocher? mein freund matthias würde sagen: die leute wollen belogen werden. anders gesagt: die leute wollen, wenn sie radio hören, radio hören und kein larifari.

ein anderer satz von meinem freund matthias: ein land, wo es keine banküberfälle gibt, ist das nicht schrecklich langweilig? — anders gesagt: die brd ist ein system von aufregungen. was dagegen ist die ddr?

offenbar sind es die meisten leute zufrieden, wenn man höflich zu ihnen ist und sie ansonsten in ruhe läßt. sozialdemokratie ist der versuch dazu. die meisten leute sind sozialdemokraten.

und so kommen aus den mündern der meisten ddrkünstler eben leider die ganz platten und ganz und gar nicht neuen irrtümer, etwa: wir wollen niemanden bekehren, bei mir soll keiner interpretieren, überhaupt soll bloß keiner das denken, was ich selber auch denke, sondern jeder soll seine eigenen bilder sehen, jeder soll seine eigene musik im kopf trällern, jeder soll aus meinem buch sein ganz eigenes und persönliches büchlein herzustellen imstande sein! also keine konzeption mehr, nur noch einzelheiten, und die möglichst vieldeutig. an was erinnert uns das? das erinnert uns an die ganz ganz billigen abkoppelungsversuche der bürgerlichen kunst von der mehr als bürgerlichen wirklichkeit. heißen wir diese versuche gut? wir heißen sie ungut. woher aber rührt dieser schwachherzige irrtum? er rührt aus der herrschenden verinhaltlichung.

im deutschen theater berlin ddr, in diesem haus voller genialer schauspieler eine neuinszenierung von lessings nathan dem weisen. die inszenierung von 1966 am selben haus vermittelt die vollendete stärke der ddr, die heute größtmögliche heiterkeit im selbstverständlichen. sie wird nicht vergehen. — über zwanzig jahre später, otto mellies spielt den nathan, wird da nichts zurück genommen. ich bin mit den schauspielern nicht einverstanden, die in den interviews zur aufführung immer sagen, die zeit sei härter geworden; ich weiß auch nicht, in welchen graden man die härte von zeit mißt. aber ich kann mich einer entdeckung dieses abends nicht entziehen, es steht mir nicht an, mich ihr zu entziehen, eine entdeckung, die in die theatergeschichte eingehen wird: die ringparabel als scheitern erzählt.

weiß die ddr, wovon omphale handelt? peter hacks, obwohl er die erklärungen gleich beifügt, wird von seinem land in einem maße mißachtet, daß es richtiggehend blamabel ist für es. weshalb verbindet das publikum die bilder, die peter hacks von der welt gibt, nicht mit seiner welt? weshalb wird das gelungene immer bloß mit dem platten optimismus der zeitungen verwechselt? weshalb wird christa wolf den nobelpreis bekommen und nicht irmtraud morgner? was ist geschehen? — entschuldigung, aber das war wirklich eine frage. es folgt hier leider keine antwort. wirklich nicht. lesen sie jetzt den nächsten abschnitt.

ich habe an der ddrliteratur immer bewundert, daß es in ihr keine fraktionen gibt. hermann kant, vom spiegel jahrelang als altstalinist geführt, gilt nach seinem abgang aus dem präsidium des schriftstellerverbandes als der große enttäuschte. der unsinn liegt auf der hand. — irmtraud morgner zitiert in der amanda dieselbe casanovastelle wie kurz darauf heiner müller in den materialien zu quartett, christa wolf zitiert quartett und gibt literaturangaben, die hacks gerade benutzt. — als hacks im gespräch stefan heym erwähnt, bin ich ganz verblüfft. es gibt wirklich keine fraktionen? hacks lächelt milde und sagt: wissen sie, wir gehören hier alle der regierung.

ich möchte auch der regierung gehören.

die einzig sinnvolle einteilung, die allerdings auch gleich die gesamte ddrliteratur erfaßt, ist die in die einerseits hacksmorgner und andererseits die müllerwolffraktion, also die in klassik und romantik. alle beteiligten haben sie reflektiert; sie ist allseits unbemerkt geblieben. abgesehen von ihr also kann die ddrliteratur nicht geteilt werden. die ddr eint sie.

das darf man aber nicht laut sagen. auch das gegenteil dürfte man nicht laut sagen. man könnte ja irgendwem weh tun. ich dachte früher, die literaturdiskussionen verliefen hier in so höflichem tone, weil schärferes die druckgenehmigung nicht erreiche. falsch geraten! die leute sind wirklich so höflich.

mehr als übergroße animositäten der verfasser von ddrliteratur, die mehr als übergroße vorsicht derselben verfasser vor jeder der mehr als übergroßen animositäten der restlichen verfasser von ddrliteratur, dazu das bedenken der zensur und das des großen vorwurfs, des einzigen vorwurfs, dem, dogmatisch zu sein. denn alles, was auf der welt sich irgendwie äußert, kann dogmatisch genannt werden, es ist ein ungemein praktisches argument. wenn man dieses wort dann allerdings selbst einmal zugeschleudert kriegt, wenn es dann mal so in die eigene richtung abzischt, dann verliert es doch etwas an inhalt. — und auf den vorwurf, dogmatisch zu sein, erfolgt die antwort in form des vorwurfs, dogmatisch zu sein. der vorwurf produziert auf der gegenseite natürlich vorwürfe, diese wiederum neue vorwürfe, auch werden die vorwürfe immer heftiger. also dies und jenes jemandem vorzuwerfen, das ist ja nazi, und jemandem vorzuwerfen, dieses sei nazi, das ist ja dann erst recht nazi, und so fort. der holzhammer wird geschwungen unter ausrufung der worte: weg mit den holzhammern!, und zurückgehauen wird, unter ausrufung der nämlichen worte, mit einem holzhammer. — wenn jemand polemisiert? wird administration vermutet. wenn keiner polemisiert? erst recht.

franz fühmann ist sich nicht zu fein, annemarie auer ihre bücher über den zaun zu werfen, als sie christa wolfs kindheitsmuster verreißt. ich sehe ihn richtig vor mir. — sobald wolfgang harich keine nietzschebücher in den ddrbuchhandlungen sehen will, ertönt ein wütendes geheul, als habe er das verbot von stephan hermlin gefordert. verrückt! — und in dieser atmosphäre gedeiht eine literaturdiskussion, wie es sie im westen tatsächlich nicht gibt.

ich gehe mit meinem parteisekretär in einen jugendklub, wo adolf endler liest. als wir kommen, die gesamte leipziger prominenz ist schon am sichdrängeln, sitzt in der ersten stuhlreihe noch niemand. ich plaziere mich. mein parteisekretär sagt: los, mehr nach hinten. — er will nicht in der ersten reihe sitzen. das ist die ddr.

alles, was es auf der welt gibt, wird gemacht. die menschen leben nicht in etwas, das sie nicht selber tun. das ist alles, was ich sagen will.

folgende geschichte: ein krüppel schreibt gedichte, herzlichen glückwunsch. er besucht in seinem rollstuhl, er ist spastiker, auch das poetenseminar in schwerin, bewirbt sich am literaturinstitut. das literaturinstitut ob dieser bewerbung ist nun vollkommen kopflos, man müßte da also eine wohnung besorgen, einen pfleger, alles ist so schwierig, die bewerbung wird abgelehnt. dem krüppel wird folgendes angebot gemacht: da wir dich leider nicht bei uns studieren lassen können, es geht leider nicht leider, vielleicht willst du einen vertrag für ein vollgedrucktes buch mit dir? natürlich will der krüppel. brav erscheint dieses buch auch, soviel organisationstalent hat die ddr grade noch, das buch ist rechtschaffen langweilig: kein sprachgefühl, keine arbeit mit rhythmus oder welt, daß der verfasser ein spastiker ist, kommt nicht vor. nun, das ist des verfassers sache, wenn ich es auch ausgesprochen unehrlich finde. gut. nun erscheint — es ist wirklich eine schöne geschichte — in der zeitung temperamente eine rezension dieses gedichtbandes. es ist eine, allerdings nur für ddrverhältnisse, vernichtende rezension. in einer anderen öffentlichkeit wäre das halt eine negative rezension gewesen, hier ist sie plötzlich eine katastrophe. die für rezensionen zuständige redakteurin der zeitschrift temperamente bekommt empörte anrufe die masse. weshalb man solch eine rezension drucke? das sei doch unterhalb der gürtellinie, und unterhalb der gürtellinie sei der krüppel schließlich ein krüppel, und das ginge doch nicht. die anrufe stammen übrigens nicht von dem krüppel selber, der klugerweise seinen mund hält, sondern, nein auch nicht von anderen rezensenten, nein: sie stammen von autoren! autoren, die es einfach empört, wenn eine rezension erscheint, die nicht lobt! ernsthafte erregung bei den studenten des literaturinstituts, richtig mit zitternden händen und stimmen, empörung über diese rezension! ein satz, der fällt: schließlich ist er doch ein krüppel. die gedichte, wie gesagt, sie handeln durchaus nicht vom krüppeldasein des verfassers. der klappentext erwähnt, und an dieser stelle benutze ich das wort obszön in vollkommenstem ernst, der klappentext erwähnt das schwere schicksal des autors. das ist obszön. das ist häßlich und gemein. ein verlag, der sich für seinen autor entschuldigt, das ist ekelhaft. autoren, die vollkommen am boden zerstört sind, wenn einer von ihnen kritisiert wird, sind kindisch und dumm. natürlich sind es dieselben autoren, die andauernd die fehlende meinungsfreiheit beklagen, und natürlich herrscht in ihren köpfen die sozialdemokratie. — ein paar wochen später wird die redakteurin der zeitschrift temperamente abgelöst.

und dann druckt die ddr quartett. klopfenden herzens erwarten die besitzer des henschelverlages den zusammenbruch der ddr. poch poch poch. aber sie steht immer noch.

in seinem neuen buch spricht gerhard wolf von prag 68 als von dem einmarsch der truppen des warschauer paktes; eine sprachregelung, die wir hier bisher noch nicht hatten.

sie werden talkshows haben und eine schwulenzeitung, sie werden die urlaubsfotos der politiker veröffentlichen und die zahl der auswanderer. und es kann sein, sie machen es besser als der westen, weil sie klüger sind und souveräner. es kann sein.

5

— ich heiße ronald. und du?
— holger.
— da oben wohn ich. willst du was trinken, tee oder kaffee?
— nee nee. bist du student?
— ja.
— KMU?
— institut für literatur.
— ist das nicht KMU?
— nein.
— ich mache ML.
— ML? schön!
— noch nicht, noch bin ich EOS. ist das deine wohnung?
— die ist vom institut.
— mir haben sie gesagt, ich soll zuhause wohnen dann, ich wohne zwanzig kilometer von hier. vielleicht haben sie auch einen platz im wohnheim. in deutsch hatt ich immer eine eins. den hamletmonolog hab ich aufgesagt. es ist noch zeit. montag komm ich vom training.
— also nächsten montag?
— nächsten montag nicht.
— was denn fürn training.
— kraftsport. mein kumpel bringt mich immer zum zug. aber ich kann vorbeikommen.
— ich schreib dir die adresse auf.
— ich weiß ja jetzt, wo es ist. ich schreibe dir vorher. ich muß los.
— du kannst auch bleiben.
— nein nein, meine eltern kommen morgen früh von der nachtschicht. ich hab auch noch bei keinem geschlafen. außer bei meinem kumpel. aber das ist was anderes. ich schreibe dir dann. machs gut.

wenn man vom leipziger hauptbahnhof zur oper geht, an ihr vorbei auf das gewandhaus zuläuft und den platz rechts davon überquert zur moritzbastei, dann liegt gegenüber von ihr ein lampenladen; jeder, der je in leipzig war, kennt diesen lampenladen. genau über diesem lampenladen wohne ich.

das fenster ist so groß wie die größte wand. das fenster zeigt mir immer leute. aus der nicht zu hohen höhe betrachte ich die kinder, die sich abends vor dem eingang des studentenklubs versammeln, ich kann die handwerker auf dem dach des gewandhauses erkennen, und ich sehe, seit ich hier wohne, in jeder nacht immer dieses eine fenster erleuchtet, im henselmannhochhaus der karlmarxuniversität, das ein aufgeschlagenes buch darstellen soll, die sechziger jahre.

freitags vor der schwulengruppe gehe ich in die kirche. ich bin spät, denn mein weg ist nur drei minuten, ich gehöre zur geheimnisvollen gemeinschaft derer, die schnellen schrittes durch die stadt eilen, zu dieser tür. wir treten ein und verharren. wir stehen und hören die elfjährigen profis singen. wissen sie, was sie tun? die stimmen des thomanerchores jubeln. geschehen die dinge unbemerkt? ich kniee mich in die mitte des schiffes und lasse meine stirn die kalten fliesen spüren, den mantel um mich. jedes end-t ist einzig, ich habe solches nie vorher gehört. der mensch ist göttlich.

die schwulengruppe tagt, genau wie in hannover, in den räumen der evangelischen studentengemeinde. — ein bleicher dicker junge hält einen vortrag darüber, wie schön es im alten griechenland war. er arbeitet bei der post. urlaub nimmt er sich, um in den giftturm der deutschen bücherei zu steigen und die literatur der homosexuellen welt zu lesen. der bleiche dicke junge macht zu anfang seines vortrags auf den klassencharakter von moral aufmerksam, auf die ökonomischen verhältnisse, die dieser freiheit für wenige zugrunde liegt, und ob es eine freiheit sei, sei noch die frage. — wenn man diesen jungen fragen würde, ob er marxist ist, würde er sagen: marxist? ich? wieso?

ich habe die homosexuellen personen in leipzig tanzen gesehen, sie feiern ihren fünfjährigen geburtstag, wie ich noch nie etwas feiern gesehen habe. — der im gesicht verunstaltete, er wird aufgefordert und tanzt. jemand hat sich geschminkt, jetzt sieht er noch älter aus. ein straßenbahnschaffner ist schüchtern. der kleine sorabistikprofessor lehnt sich in den armen seines buchhändlerfreundes zurück und grinst wissend und wach, beide mit bunten brillen. selbst die wunderschöne zimtzicke kann sich ein lachen nicht verkneifen, als die kellnerin jemanden mit schätzchen anredet. was denkt die kellnerin von uns? als der stämmige aus erfurt meinen blick sieht, sagt er: nu heule nich. — ein komputerfachmann baut ein bauernhaus aus. ein keramiker stellt einen ausreiseantrag. ein soldat trägt seine uniform. eine melkerin aus dem norden hat einfach ihre koffer gepackt und ist hergekommen, für immer, eine arbeit als kellnerin hat sie schon, dies ist meine freundin gudrun. — die kleinen tänzer vom leipziger ballett tanzen schwanensee, sie tanzen ihn wirklich, sie tanzen ihn auf spitze, ein brüllen beantwortet ihre kunst, ein toben ihr schwitzen. später tragen sie weitsichtigengläser vor ihren augen, spitze weiße gesichter. — ich frage die zahnarzthelferin, ich traue mich und frage sie: sagmal ich will ja nicht indiskret sein es ist eine blöde frage aber jetzt will ich dich mal fragen bist du heterosexuell?, die zahnarzthelferin lacht und spendiert mir einen sekt. olaf aus weimar legt meinen westfilzstift auf den tisch, sofort ist er weg, olaf hätte es wissen müssen. ich lache über seinen schreck und entschuldige mich dafür. — auch gewinne ich eine wette. ich gewinne die wette, daß heute abend kein einziger ddrtitel gespielt werden wird. wir stoßen auf die welt an. der moderator der diskothek macht geschmacklose witze. draußen auf dem kinderspielplatz schaukelt jemand. — weshalb geschieht diese sonnabendnacht in leipzig? woran erfreuen sich diese menschen? ich erfreue mich an ihnen. was stellt dieses vergnügen dar? ich habe schon immer gern gefeiert: aber woher diese freude?

immer wieder morgens auf dem weg ins institut der blick in den himmel und der gedanke: dies ist wirklich leipzig, und das lachen darauf und die blicke der andern auf der straße.

warum sollte ein gedanke vermittelbar sein? mir reicht, daß er da ist. mehr ist nicht zu berichten.

meine liebe birgit! deine liebe karte heut mit bestem dank erhalten. birgit du sammeltest doch servietten schicke dir eine mit. hat dir mutti die westservietten gegeben, wollte sie dir schicken, aber mutti sagte ich nehme sie gleich mit. tante traudel ist auch krank nervenentzündung hat auch tüchtige schmerzen. war zum röntgen es ist die hüfte, kann bei dem schönen wetter nicht raus wünsch dir weiter alles gute vielleicht sehen wir uns totensonntag wieder. es grüßt dich herzlich omi lotti.

die ddr ist willy millowitsch, wenn er ernste rollen spielt. willy millowitsch hockt auf dem boden in einem stück, gräbt in dem boden herum, sieht hoch und hält streng moralische reden. — die stärke liegt in heiterkeit, der ersehnte ernst ist bloß sentimental. zum glück ist kunst interpretierbar, sonst würde sie ja auch gar keinen erreichen, das wäre zu schrecklich. kunst ist da zum unterjubeln.

die sieben wunder des sozialismus, schon gehört? also: die sieben wunder des sozialismus.
das erste wunder: alle haben arbeit.
das zweite wunder: obwohl alle arbeit haben, arbeiten nur 50 prozent.
das dritte wunder: obwohl nur 50 prozent arbeiten, werden alle pläne erfüllt.
das vierte wunder: obwohl alle pläne erfüllt werden, gibt es nichts.
das fünfte wunder: obwohl es nichts gibt, haben alle alles.
das sechste wunder: obwohl alle alles haben, ist jeder unzufrieden.
das siebte wunder: obwohl jeder unzufrieden ist, wählen alle die kandidaten der nationalen front.

auch ich sehe die überforderten familienväter, ich sehe den weltumspannenden gnatz der kinder, ich beobachte das zerbröckeln der zeitung beim lesen, ich setze mich der kleinheit der wünsche aus. ich weiß, auf wie ekelhafte weise sich die männer am 8. märz beglückwünschen lassen dafür, daß sie an diesem tag ihre putzfrauen gönnerhaft begrüßen. ich versuche zu verstehen, warum die westbücher immer ausverkauft sind. ich möchte meinen ärger nehmen und ihn ihnen überreichen. vielleicht, wenn dies ginge, wiesen sie ihn nicht ab.

der junge punk, der sich im leipziger stadtpark von seinem freund die haare kürzen läßt, er muß mit diesen haaren auf seiner arbeit zurechtkommen. das muß sein punkkollege drüben nicht: er hat keine arbeit. die ddr kennt kein entrinnen. ich liege mit meiner schwester auf dieser wiese im sommer, der oberkörper des jungen läßt uns verstummen, der haareschneider lädt uns mit einer geste zum haareschneiden ein. gebannt schütteln wir den kopf. das ältere paar macht einen bogen um die leere bank, auf der die gefallenen haare des wunderhübschen punks noch liegen. meine schwester lacht über sie.

viele leute fahren schwarz, nachlässig, die bahn als besitzer betretend, und tatsächlich ist der unterschied zwischen zwanzig pfennig und gar nichts ja eher unbedeutend. aber der junge in lederkleidung nachts, der in die bahn kommt und an sich rumwühlt, was hat er denn, denke ich, und er findet die monatskarte und hält sie kurz hoch im leeren abteil.

man gibt sich hier die hand zur begrüßung, auch junge leute, man grüßt im hausflur, und ich ertappe mich, in westberlin unangemessen freundlich zu sein, ich verzeihe es mir nicht.

als vorfilm im kino eine aufforderung, auch ja jeden besuch ins hausbuch einzutragen, genaueste anweisungen. das publikum lacht den film aus.

die leute können kein russisch.

ich trete aus dem theater und glaube, in einem aquarium zu sein, ein schweres dunkles wasser hängt trübe über der welt, ein greifbarer schmutz. ich lösche nachts in meiner wohnung das licht und öffne das fenster zum schlafen, ich öffne das fenster und es stinkt. nachts nehmen sie in den schornsteinen die filter raus, das ist ökonomischer. und dann stinkt es.

während ich in leipzig bin, entwickelt sich die mode der zusammengebundenen haare bei männern. wie wunderbar, als die ersten jungs ein band in ihren noch zu kurzen haaren tragen! welch merkwürdiges einverständnis, das mode gesteht! wie anders als durch mode soll die avantgarde momenterfolge erreichen? wir sind überall, und das heißt auch: die gesellschaft der welt erwarten wir mit einem sektglas, einem sektglas voll selters, das uns schmeckt wie göttertrank.

ich habe die allerersten jahre meines lebens in einer leibnizstraße verbracht, hier noch. die monadologie von leibniz ist im westen einfach nur lächerlich, nichts weiter. in der zukunft hat sie ihre merkwürdige wahrheit.

ein kabarettprogramm hat einen titel, der wäre im westen schlicht cdu, ein gefährlicher unsinn, hier trifft er etwas ganz reales, er bringt etwas auf den punkt, er lautet: auf dich kommt es an, nicht auf alle.

wenn sie wissen, wie man ein ersatzteil organisiert, wenn sie die tricks auf den ämtern kennen, wenn sie eine karte besorgen für ein begehrtes theater, dann sagen sie grinsend: man ist doch gelernter ddrbürger.

und eine schusterei heißt pgh jacob böhme.

sie haben ein wunderbares kunstmittel, bei der defa. ein film geht zuende, das merkt der zuschauer ja, es kommt der showdown, es kommen die letzten worte, es kommt das letzte bild. und dann dreht sich der hauptdarsteller, meist ist es eine hauptdarstellerin, zur kamera und sieht uns an, eine weile, und dann ist der film zuende. ein langer blick.

die beiden schwachsinnigen jungen frauen, die in der mensa der universität die tabletts annehmen, ein bißchen aufgedunsen und mit stumpfen haaren, zusammen stehen sie und schimpfen unverständliches, wenn man etwas falsch gemacht hat beim ablegen des geschirrs. ihre aufgabe ist wichtig, und eine von ihnen allein könnte sie masse erledigen; so aber haben sie einander zur gesellschaft, sie stehen da arm in arm, kabbeln sich, lachen dabei laut und lachen.

ich kenne sie alle, den nikaraguaner mit dem lahmen unterleib und seinen krücken, der uvgestrahlte blonde, der grafiker in schwarz, der verkäufer im antiquariat, der sowenig wie ich weiß, ob wir uns grüßen, und die große negerin, die enttäuschenderweise manchmal einen kinderwagen vor sich her schiebt, in dem ein kleines bezauberndes kind sitzt, das ebenso braun ist wie sie selbst.

und wenn ich ein gotisches S sehen möchte, schaue ich auf die skateboardjungs vor meinem fenster.

sie kennen die namen der filme, die sie nicht sehen, sie sind längst nicht so prüde wie die sexualaufklärung ihres landes ihnen weismachen will, sie sprühen verbotene sprüche in fußgängerunterführungen, sie lächeln, wenn sie einem etwas geben und kucken weg, sie verlassen sich auf nichts, nicht die welt, nicht ihr wissen, nicht ihr land. sie verlassen sich nur auf sich selbst.

und wenn es ihnen gefallen hat mit mir, dann schenken sie zum abschied einen blick und sagen: es war mir ein kleiner parteitag.

die schönheit von uwe? die schönheit von uwe ist maßlos.

uwe ist ein technischer student, demnächst macht er seinen doktor, er ist der letzte, dem ich im gespräch einen doktor zutraue. uwe ist breit, struwwelig, proletarisch und schön. uwe wohnt in berlin.

manchmal besucht uwe mich, zu sexualität muß er überredet werden, schließlich aber ist er stürmisch und selbstvergessen. er hat angst, daß ich ihn verlasse, fragt, ob ich mit ihm zusammenwohnen möchte. ich sage: nein. er sagt: ich würde auch nicht mit dir zusammenwohnen wollen. ich lache und sage: lieber uwe, nichts davon steht zur debatte, weshalb sagst du sowas? uwe fängt immer wieder davon an. ich könnte nicht mit dir zusammenleben. immer lache ich darüber. eines tages meldet er sich nicht mehr. ich schreibe ihm ungebrochen mehrere briefe voll liebe, schließlich kommt eine karte, ich hätte ihn wohl vergessen. dann, obwohl angekündigt, versetzt er mich, kommt nicht wieder, schon warte ich kaum mehr, es ist vorbei.

was an uwe intressiert? daß man ihn lieben muß, daß er geliebt werden will, daß er einem sagt, er wolle niemals lieben, daß er es dennoch tut. uwe ist zupackend, spröde, hat lachfalten um die augen, ist immer optimistisch, die größte scheiße kann passieren uwe sagt: das kriegen wir hin. uwes verbalisierungsgrad ist nicht der höchste, das macht er locker mit seiner neugier wett. uwe erschrickt, wenn man seine augen küßt, uwe hat keine ahnung, daß er schön ist. das mindert seine schönheit nur um ein weniges. uwe ist die ddr.

schönheit. ich kaufe neue schuhe, ich weiß sie werden drücken, immer drücken sie. sie sind schön; ich gehe mit ihnen in den studentenklub, eine liedermacherin hat eine schöne stimme, eine schauspielerin hat ironie, ich vergesse die neuen schuhe nicht während des abends. ich schlafe mit einem mann, es ist alles bekannt und schön; am andern morgen dirk neben mir im unterricht bittet mich mit einem scherz um verzeihung, als er grob war; ich trinke einen kaffee mit ihm. am nachmittag spricht der minister, seine rede ist schön; mich droht neid zu zerreißen. der minister ist jung für einen minister, er antwortet auf fragen vollkommen als minister, er berichtet. als ich ihm meinen namen sage, blitzen seine augen auf schön; er freut sich, als er sagt, er freue sich. schönheit ist das versprechen, daß das werden kann, was wir uns wünschen.

8 BRD GEHT IN DIE DDR. DIE LETZTE BASTION

— carola, geh nach moskau.
— ich habe aber angst.
ARIANE MNOUCHKINE

man kann nicht schreiben, wo man nur verachtet.
KURT TUCHOLSKY

wer wirklich überlegen ist, glaubt vor allem an die gleichheit der menschen.
GILBERT KEITH CHESTERTON

die natur ist die probe auf die dialektik.
FRIEDRICH ENGELS

mit leuten, die einem nichts bedeuten, ist leicht fröhlich sein. die schönsten witze habe ich denen erzählt, die sie nicht verstehen.

9 LITERATUR

zu 1

richard avedon, in the american west, new york 1987
the beatles, white album, 1970
thomas brasch, über anna seghers, in: konkret 4/83
bertolt brecht, arbeitsjournal 21. 7. 41 — 5. 11. 47
programm der deutschen kommunistischen partei, düsseldorf 1984
gisela elsner, über die uz, in: kürbiskern 2/79
hans magnus enzensberger, weitere gründe dafür, daß die dichter lügen, in:
ders., der untergang der titanic, frankfurt mai 1978
rainer werner faßbinder, satansbraten, film 1976
matthias frings, michael vogler, männer. liebe., video 1982
jean genet, pompes funèbres, 1947
friedrich gulda, johann sebastian bach, das wohltemperierte klavier, 1962
max horkheimer, theodor w. adorno, kulturindustrie, in: dies.n, dialektik der aufklärung, amsterdam 1947
elfriede jelinek, die ausgesperrten, s. 76—82, reinbek 1980
sarah kirsch, die entfernung, in: dies., erdreich, stuttgart 1982
stanley kubrick, anthony burgess, a clockwork orange, film 1971
hans pleschinski, pest und moor, s. 161—170, zürich 1985
donatien alphonse françois de sade, justine et juliette, paris 1791
andy warhol, from a to b and back again, london 1976

zu 2

günter de bruyn, babylon, in: sinn und form 4/78
werner heiduczek, die brüder, berlin 1968

erich loest, ins offene messer, berlin 1974
karl mickel, der sohn der scheuerfrau, in: ddr-porträts, leipzig 1974
irmtraud morgner, weltbild, in: dies., leben und abenteuer der trobadora beatriz, berlin 1974, s. 143
klaus schlesinger, die spaltung des erwin racholl, in: ders., berliner traum, rostock 1977
rolf schneider, jede seele auf erden, rostock 1988
helga schubert, berliner feuerwerk, radio ddr 2, 28. 2. 1988
werner tübke, bildnis eines sizilianischen großgrundbesitzers mit marionetten, 1972

zu 4

david attie, russian selfportraits, new york 1977
gilbert bécaud, nathalie, 1965
joseph beuys, es gibt leute, die sind nur in der ddr gut, postkarte 1985
heinrich böll, dürfen russen lachen?, in: ders., werke 5, köln o. j.
manfred deix, der wahre charakter der russen, postkarte 1984
rainald goetz, moskau, in: merkur november 1986
arno schmidt, das steinerne herz, karlsruhe 1956
joachim seyppel, warum ich in die ddr gehe, in: konkret 38/73
fritz zorn, s. 168f. in: ders., mars, münchen 1977

zu 5

apuleius, amor und psyche, um 160
barbara honigmann, das singende springende löweneckerchen, in: theater der zeit 1/80
stanislaw lem, die maske, 1976

zu 7

günter und johanna braun, das kugeltranszendentale vorhaben, frankfurtmain 1983
adolf endler, reisebild: der vierzigjährige, in: ders., nackt mit brille, westberlin 1975
ute erb, die kette an meinem hals, frankfurtmain 1962
peter hacks, numa oder die mitte, in: ders., sechs dramen, düsseldorf 1978
bernd jentzsch, berliner dichtergarten, in: tintenfisch 7, westberlin 1974
uwe johnson, ingrid babendererde, frankfurtmain 1984
rainer kirsch, heinrich schlaghands höllenfahrt, in: ders., auszog das fürchten zu lernen, reinbek 1978
hartmut lange, die ermordung des aias oder diskurs über das holzhacken, westberlin 1971
heiner müller, halmletmaschine, in: ders., mauser, westberlin 1978
ulrich plenzdorf, kein runter kein fern, frankfurtmain 1984
christa wolf, kleiner ausflug nach h., in: dies., gesammelte erzählungen, neuwied 1980

zu 8

georg wilhelm friedrich hegel, das dasein der idee, in: ders., ästhetik, erster teil erstes kapitel zweiter abschnitt
david hockney, sur la terrasse
franz kafka, beim bau der chinesischen mauer
niccolò machiavelli, der fürst
gioacchino rossini, petite messe solennelle

ABKÜRZUNGEN

apo	abteilungsparteiorganisation
agl	abteilungsgewerkschaftsleitung
bgl	betriebsgewerkschaftsleitung
brd	bundesrepublik deutschland
cdu	christlich demokratische union
cia	central intelligence agency
ddr	deutsche demokratische republik
dm	deutsche mark
eos	erweiterte oberschule
faz	frankfurter allgemeine zeitung
fdj	freie deutsche jugend
gdr	german democratic republic
kmu	karl-marx-universität
m	mark der ddr
ml	marxismus-leninismus
nd	neues deutschland
pgh	produktionsgenossenschaft handel
rda	republique democratique allemande
sdaj	sozialistische deutsche arbeiterjugend
sed	sozialistische einheitspartei deutschlands
sew	sozialistische einheitspartei westberlins
spd	sozialdemokratische partei deutschlands
stabü	staatsbürgerkunde
udssr	union der sozialistischen sowjetrepubliken
ukw	ultrakurzwelle
uz	unsere zeit
vvn	vereinigung der verfolgten des naziregimes
zgl	zentrale gewerkschaftsleitung

PERSONEN